讓孩子成為自己

人生的玩家

透過遊戲和陪伴養出內心強大的孩子

作者──胡瑋婷

讓你我跟著孩子一起玩出趣味人生

　　蓁蓁是瑋婷 4 歲的小女兒，我很喜歡跟她一起玩耍。每一次，在我們剛開始玩時，她總會禮貌地叫我「宛貞阿姨」，但玩到後來，她都會忘情地直接喊我「宛貞」。那個時候，我就知道，我搖身一變為 4 歲，成功地打入蓁蓁的朋友圈了。

　　有一天，她找我比看看誰跳的比較高，我很訝異地發現，她先蹲下之後，幾乎用盡全力，奮力向上跳，她的小臉蛋脹得紅紅的，一直快樂地笑著。我跟著她比拼了幾回，全身冒汗，突然覺得原來減肥可以很簡單，只要原地跳一跳，脂肪熱量就會自然而然地消耗。

　　我常想：「如果能轉換成蓁蓁的視角，這件事會變成怎樣？」假設我為自己手中只有一萬元而喊窮，換成蓁蓁視角，她可能會說：「阿姨好有錢啊！」若我是開垃圾車的清潔隊員，我可能會受社會二元對立價值觀的綁架，認為職業有高低貴賤之分，但從蓁蓁視角來看，她會用崇拜的眼神，說：「叔叔好棒，開那麼大的車，幫我們大家收集垃圾。」

推薦序

蒂蒂曾跟我說：「我在天上選很久，才選到現在的爸媽。」其實，每一個靈魂的相遇都有其巧妙的安排。瑋婷的教養與陪伴，讓蒂蒂有更彈性的空間去發揮所有的可能性，成為她自己人生的玩家。我們都能從這本書中學習，如何以遊戲心，充份地玩出親子的趣味生命與創意人生喔！

鍾宛貞
臺中市視障天使協力車協會理事長

CONTENTS

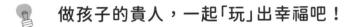

做孩子的貴人，一起「玩」出幸福吧！

國際遊戲治療大師 Garry Landreth 曾說：「鳥飛、魚游、兒童遊戲」。意思是說孩子們的遊戲是最自然、自發性的行為了。然而遊戲不只是提供玩樂，兒童更藉由遊戲探索自我，展現其認知、語言、社會互動與情緒等發展狀態，如同瑋婷心理師在書中所述：「玩，是孩子與生俱來的天賦。」不僅蘊藏著我們的潛能，遊戲更是呈現出孩子們有別於成人的語言。

透過遊戲，我們學習如何與他人以及這個世界互動，而父母作為孩子最重要的他人，自然是最好的互動夥伴了！然而如何好好玩？認真玩？

您有多久沒有和孩子一起玩了呢？您想參與遊戲卻不知道如何開始？《讓孩子成為自己人生的玩家》肯定是最好入門，讓我們在遊戲過程中成為孩子的大玩偶，做孩子成長路上的貴人，一起「玩」出幸福吧！

推薦序

賴惠敏

藍迪基金會附設澄語諮商所主任

CONTENTS

用「玩」把握倒數計時的人生

　　有一天，4歲的蒂蒂問我：「媽媽，死掉是什麼意思啊？」

　　一時之間，我還真不知道如何回答這問題，當下我只能簡單地回應說：「就是去很遠的地方，無法再見面的意思。」

　　接著，她突然抱緊我，傷心地說：「如果我永遠都不能見到媽媽，我會好難過。」她說完後，竟然就哭了起來，而我也不禁感到哀傷，因為她的出生，就注定了我們的離別。

　　人生，是一場倒數計時的遊戲，時間的流逝就像沙漏中不斷下落的沙粒。我們的時間只會減少、不會增加，我們和父母相處的時間會越來越少，和孩子相處的時間也會越來越少，和伴侶相處的時間也會越來越少。終有一天，會有人先登出這場人間遊戲。

　　只要一想到相處的時間就像是倒數計時的沙漏，我就想更加把握與珍惜現在的互動，即使我們正處於衝突與爭吵的狀態。

　　對我來說，最珍惜的方式，就是和他們一起「同在」、一起「玩」，無論是快樂、難過或是任何情況。

作者序

玩,是孩子與生俱來的天賦

在家裡,只要有東西壞掉或需要更換時,先生就會親手嘗試修理與更換,像是門鎖鍊、吊扇拉鍊、水龍頭和插座……等。有時,我和荳荳會變成啦啦隊,在旁邊喊著加油,有時則是驚訝地說:「吐!爸爸好厲害,竟然還會修理這個!」

有天早晨,我和希希一起坐在沙發上,吃著我們喜愛的花生厚片,她突然問:「爸爸修理東西怎麼這麼厲害啊?」

我想,這就是先生的天賦,他很擅長動手修理物品,於是我回:「每個人都會有自己的天賦,修理東西就是爸爸的天賦啊,媽媽也有媽媽的天賦,而你也會有你的天賦哦!」

荳荳不假思索地回應:「哦,那我的天賦就是刷牙跟玩玩具。」緊接著,她繼續說:「我還有其他的天賦哦,那就是和媽媽一起睡覺,和媽媽一起吃早餐。」後面這兩個天賦,我聽在耳裡,甜在心裡。

不過,她說得沒錯。孩子一生下來,就是要在父母的陪伴下成長,而他們與生俱來的天賦,就是「玩」。尤其是學齡前的幼兒,在這個階段他們的任務就是「玩」,並且還要在玩耍的過程中,一邊學習與探索這個世界,而父母的職責就是陪伴孩子玩耍,以及滿足孩子的心理需求與培養他們成長所需的能力。

CONTENTS

本書是特別為家中有幼兒的父母所撰寫，如果你在育兒的過程感受到極大的壓力，如果你不知道如何陪伴孩子玩耍，如果你不知道如何讓「玩」變得更有意義與價值，歡迎你仔細閱讀本書，我想這本書會對你有所幫助！

本書內容，可以學到的三個教養重點：

1.「玩」能滿足孩子的心理需求。父母可以學到如何透過陪伴孩子玩耍，滿足他們的安全感、歸屬感、新鮮感、控制感和效能感等，幫助孩子學習情緒調節與培養自信心，幫助他們踏上探索世界的英雄之旅。

2. 父母本身就是為孩子量身打造的「玩具」。父母可以學習到如何運用自己來陪伴孩子玩樂，包含運用正向的言語創造連結、用幽默的心態來製造歡笑、用自己的耳朵好奇傾聽、用自己的雙眼溫柔凝視孩子的存在，以及用自己的身體為孩子搭建成長的鷹架。

3. 成為懂得「遊戲規則」的父母，才能玩得漂亮。育兒是一場不斷碰壁的過程，孩子總是不聽話，親友總是愛批評，伴侶總是難以溝通，自己總是過得比別人還糟糕，這是因為我們缺乏彈性的思考與做法，總是與遊戲規則「硬碰硬」，才導致而成的。本書將透

作者序

過心理學的角度，來解析這場育兒遊戲的潛規則，助你培養「玩」得漂亮的本事！

玩，是親子衝突的解藥，也是親密關係的催化劑，更是孩子學習與成長的燃料。而我們所擁有的日子正在倒數計時，能陪伴孩子玩耍的時間，也越來越少，你甘心看著時間匆匆流逝嗎？

我想邀請你和你的孩子，把時間留給自己，也留給重要的家人，一起玩耍，一起成為自己人生的最大玩家！

胡瑋婷
寫於 2024 年兒童節前夕

CONTENTS

CHAPTER ①
遊戲可以滿足孩子的需要

💡 01 安全感：踢掉不安感，玩出信任力

媽媽，我是從哪裡來的？ ———————————— 018

不教養的勇氣是對孩子存在的一種尊重 ———————— 020

存在感，能讓孩子知道自己的重要性 —————————— 025

安全感，能讓孩子安心追求自己的人生 ———————— 027

透過遊戲來建立安全感與存在感 —————————— 028

💡 02 歸屬感：抵抗孤獨感，玩出連結力

孤獨，是現代的流行病 ———————————————— 032

「自我孤立」與「他人孤立」的交互作用 ——————— 034

把父母關入孤島的三種教養心態 —————————— 036

中斷連結，是為了更緊密的連結 —————————— 038

透過遊戲來建立連結感與歸屬感 —————————— 041

💡 03 新鮮感：擺脫無聊感，玩出好奇心

無聊會使人的自我控制能力下降 —————————— 046

在平凡時刻，創造非凡體驗 ———————————— 048

目錄

創造恰到好處的新鮮感，享受家庭生活的樂趣 ——————— 050

父母需要意義感，擺脫無聊的育兒生活 ——————— 055

如何挑選適合的遊戲，讓孩子產生興趣？ ——————— 057

💡 04 控制感：緩解焦慮感，玩出自主力

每個人都會感到焦慮，並且試圖找回控制感 ——————— 061

教養越是控制，孩子越是失控 ——————— 062

父母追逐權力的老把戲，會成為孩子的新花招 ——————— 067

少開條件，多開選項，讓孩子自己作主 ——————— 070

透過遊戲讓孩子獲得控制感、培養自主能力 ——————— 074

💡 05 效能感：克服無助感，玩出挫折力

讓孩子成為躺平族的原因，就是「習得無助感」 ——————— 078

毀掉希望的教養習慣 ——————— 080

要超前部署的不是「學習知識」，而是「自我效能」 ——————— 083

孩子的自我效能感，是如何產生的？ ——————— 085

如何透過遊戲來幫助孩子增加效能感呢？ ——————— 088

CONTENTS

CHAPTER ②
如何與孩子玩遊戲

💡 01 一張機智的巧口，巧妙地化解親子衝突

「假裝」遊戲，帶出「真實」感受 ——————— 096

透過「扮演遊戲」深化孩子的生活體驗 ——————— 099

不管你變成什麼樣子，媽媽都愛你 ——————— 103

成為最貼近孩子的說書人 ——————— 106

孩子玩遊戲時，以「支持」取代「制止」 ——————— 110

💡 02 一顆幽默的慧心，玩出親子間的好氣氛

用戲劇的元素，轉化親子間的衝突 ——————— 114

用荒謬的錯誤，轉化親子間的危機 ——————— 116

用新鮮的作法，炒熱親子間的氛圍 ——————— 119

用小小的叛逆，享受自由的親子時光 ——————— 122

在遊戲時，父母如何展現幽默？ ——————— 124

💡 03 一對好奇的耳朵，聽懂孩子的遊戲規則

親子的困境，是父母調整的契機 ——————— 128

孩子的麻煩，父母不能只聽一半 ——————— 130

目錄

孩子的遊戲，父母不能只玩一半 —————————— 131

孩子的失控，是父母學習的機會 —————————— 133

在遊戲時，父母要如何傾聽孩子呢？ ——————— 135

04 一雙溫柔的眼睛，凝視孩子的真實內在

讓孩子看到，你的眼裡有他 ————————————— 140

為什麼孩子不想跟你玩遊戲？ ——————————— 142

體驗多元的眼光，培養孩子多元思維能力 ——— 148

孩子在你眼中的樣子，將是他未來的樣子 ——— 151

用不帶偏見的雙眼，看見孩子的真實面貌 ——— 155

05 一個可靠的身體，玩出堅定的信任關係

用身體淬鍊孩子的身心力量 ——————————— 158

用身體搭建孩子所需的鷹架 ——————————— 163

用身體來陪伴孩子調節情緒 ——————————— 166

父母與孩子玩起攻擊遊戲的注意事項 —————— 168

讓身體成為孩子的「輔助輪」 —————————— 171

CONTENTS

CHAPTER ③
探索這世界的遊戲規則

💡 01 人性的遊戲規則：換個位置，就換個腦袋

在江湖闖蕩要懂人性，就像游泳要懂水性 —————— 176

造成問題的原因，誰說得算？ —————————————— 177

在育兒時光裡，你的努力經常被忽略嗎？ —————— 179

如果你遇到笨蛋，千萬別跟他爭論 ————————— 183

別讓心的壓力，膨脹得像灌飽氣的氣球 —————— 185

💡 02 社會的遊戲規則：人人都愛提出批評與指教

在育兒時光裡，你經常被批評嗎？ ————————— 189

懂得接收建議的藝術，讓你更上一層樓 —————— 193

讓你難以接受建議的三個防禦機制 ————————— 195

別人的建議一定要照單全收嗎？ —————————— 197

直擊靈魂的提問回應法：未經檢視的建議，不值得收下！— 200

💡 03 婚姻的遊戲規則：用理解降低相愛的難度

輸掉婚姻三種玩法 ———————————————————— 204

降低溝通的難度，才能提升婚姻的滿意度 —————— 208

目錄

父母如何相愛，都是在教導孩子如何愛人 ——————— 210

把渴望的音量，調到最清晰的位置 ——————— 214

成為有趣與智慧集結於一身的伴侶 ——————— 217

04 育兒的遊戲規則：孩子聽話與不聽話的潛規則

毀掉孩子人生的二種坑法 ——————— 220

別讓復仇成為孩子一生的目標 ——————— 222

為什麼孩子願意聽你的話？ ——————— 225

為什麼孩子不願意聽你的話？ ——————— 228

請父母先成為幸福的人，這樣你的話才有說服力！ ——————— 230

05 自己的遊戲規則：培養玩得漂亮的本事

為什麼別人都過得比我好？ ——————— 233

化解「相對性剝奪感」的關鍵，在於「相對性」 ——————— 236

人生三大玩法，你是哪一種？ ——————— 239

讓有限的資源發揮最大的效果 ——————— 242

人生想活得好，就要有玩得漂亮的本事 ——————— 244

C O N T E N T S

CHAPTER 1

遊戲可以滿足
孩子的需要

01 — 安全感
踢掉不安感，玩出信任力

媽媽，我是從哪裡來的？

蒂蒂三歲時，她開始好奇自己是如何來到這個世界的，當她得知自己是從母親的肚子裡生出來後，她追問：「那我到媽媽肚子裡之前，我在哪裡？」這個問題很有趣，代表她正在探索自己的存在。

那陣子，我們很喜歡玩「誕生遊戲」。她全身彎曲地躺在我的肚子上，假裝自己還是胎兒，過一段時間後，她就會突然叫一聲：「蹦！」並抬起頭說：「媽媽，小 BABY 生出來了！」在短短的十分鐘內，她反覆經歷了數十次的出生。

後來，她又好奇地詢問我：「媽媽，我在你肚子的時候都在做什麼？」

我告訴她：「有時候，你無聊的時候，還會踢媽媽的肚子呢！」

她似乎覺得有趣，便改變了遊戲方式，玩起「踢肚子遊戲」。她全身彎曲地躺在我的肚子上，並用聲音來象徵動作，她說：

「踢！」當她用聲音代替行為時，我知道她並非要傷害我，她只是在刷存在感。因此她每踢一下，我會「唉」一聲，而我每「唉」一聲，她就會「笑」一聲。

當父母有反應時，孩子才能感受到自己是真實存在的。有些孩子看似攻擊的負面行為，其實只是想證明自己的「存在」。因此請父母要特別提醒自己，孩子只是需要我們注意到他的存在，請父母別讓自己內心的陰暗，「黑化」了孩子的基本需求。

用童年的幸福療癒一生的挫折

我在大學服務多年，這十年來自殺與自殘的問題越來越嚴重，越來越多的孩子感受不到自己活著的價值與意義，甚至認為：「這世界沒有我，也沒差別。」他們找不到繼續活下去的理由，對未來毫無期望，宛如行屍走肉。

然而，要讓那些即將成年的青少年感受到存在感和安全感，是一件十分困難的任務。因為那些不被在乎、重視的感覺，早已成為龐大的冰山，難以用微小的溫暖來融化它。

不過好消息是，越是年幼的孩子，越容易被滋養，只要我們經常以溫柔的眼神凝視孩子，就能夠給予他充分的存在感。

這就是我寫這本書的原因。如果這一代的父母，能改變傳統的教養方式，讓孩子從小在家裡就能滿足安全感、歸屬感、新鮮感、

控制感與效能感等需求時，孩子就有機會用童年的幸福，療癒自己一生的挫折，而非是用一生的成長，療癒童年的傷痛。

不教養的勇氣是對孩子存在的一種尊重

韓劇《浪漫速成班》講述一群母親為了孩子的升學考試，各自使出渾身解數，幫助孩子進入最強的全方位管理班，以考取名校的故事。劇中每位母親的姿態大不同，有「樹敵型」母親張書珍、「受害型」母親趙秀熙，還有「勇氣型」母親南行善。

你是哪一型的父母呢？不同的類型，對孩子有不同的影響呢！

1.「樹敵型」母親：所有人都是敵人

張書珍是一名律師，她期待兒子李善才考上頂尖大學，於是要求善才報名補習班，進入全方位管理班，以考取醫學院。

張書珍透過非法管道蒐集考古題給善才，但他竟拿起手機拍攝考古題，打算分享給南海依同學。

張書珍見狀，便立刻搶走善才的手機，並怒斥：「她是你的競爭對手！」她解釋自己用盡手段拿到考古題，並非是用來分享給其他同學的。

善才錯愕地看向母親，試圖解釋：「可是媽，海依是我的朋

友。」

　　不料，張書珍勃然大怒，狠推了善才的肩膀，並說：「考生哪來的朋友？」接著她開始對善才說教與責罵。

　　張書珍認為即使是再好的朋友，也不能讓對方危害到自己的利益，可見她對人的信任感極低，並且缺乏與人合作的能力。

　　以短期效益來說，確實可能更有機會幫助善才成為佼佼者，風光考進名校。但以長遠眼光來看，樹立的敵人越多，隊友就越少，而孩子在未來的漫長人生，他就只能單兵作戰了！

2.「受害型」母親：所有人都是加害者

　　趙秀熙是一名媽媽界的網紅，她的女兒方秀雅是一名資優生，她常為此感到驕傲。

　　有天，方秀雅在房間裡的床上鬧脾氣，她向母親哭訴：「都是她害我掉到第二等級的！」原來是南海依在課堂上對試題提出疑義，獲得出題老師認同而更改正確答案，使得第一等級的門檻提高了兩分。

　　趙秀熙不分青紅皂白地陪著秀雅責怪南海依，她說：「她不討人喜歡就算了，言行舉止怎麼越來越可惡！」。

　　接著，秀雅表示自己寧死也不想與南海依同班，這使趙秀熙動了歪腦筋，試圖利用自己在網路上的影響力，將南海依踢出全方位

管理班。

當孩子遭遇挫折時，父母若為了保護孩子受傷的心，將「都是別人的錯」的受害者信念，灌輸給孩子，這對孩子來說可能會造成什麼影響呢？

短期來看，也許可以減緩孩子的挫折感與自責感。但長期來看，這種把問題歸因在他人的單一思考模式，容易形塑出孩子的「受害者情節」，並且不懂得反思與改變。同時，當孩子的安全感並非來自於個人內在的穩定，而是仰賴外在環境的控制時，對孩子來說是很不利的。因為，外在環境的變動很大、難以全面掌控，更重要的是培養孩子內在的穩定度。

3.「勇氣型」母親：勇敢放手，相信孩子的選擇

南行善原是國家代表隊的手球選手，但她為了照顧自閉症的弟弟，以及養育被生母遺棄的南海依，而放棄了選手資格，和好友開了一家便當店。

後來，海依升上高中後，由於數學成績不佳，她主動向南行善表示想要報名補習班課程，而南行善就特地跑去排隊，報名當地最厲害的補習班。

自從海依補習之後，數學成績突飛猛進，她興奮地向南行善說：「我萌生了野心，我想要考全國榜首！」

　　南行善對孩子的成績沒有特別的要求，故說：「全國榜首太誇張了，適度就好。」然而，南海依解釋，最好的報復就是讓遺棄她的生母，看見自己的名字出現在新聞上。南行善聽了之後，十分心疼海依，但她也只是笑笑地繼續削著手上的奇異果，並未再多說。

　　南行善保護孩子的方式，就是關注著孩子自身的需要與期待，並且帶著「不教養的勇氣」，適度放手讓孩子為自己人生負責，尊重孩子選擇的人生道路。只在孩子有需要時，從旁協助孩子自己解決人生課題。

　　這樣的方式，以短期來說，孩子得辛苦學習如何靠自己去解決問題。但以長期來說，當父母帶著信任關注孩子，陪伴孩子透過各種探索與嘗試，摸索人生前進的方向，更有助於孩子獨立生活。

　　以現代教養的趨勢來說，「不教養的勇氣」並非是放任孩子玩手機、滑平板、打電動，即使孩子玩到沉迷，父母也無動於衷。而是當孩子有勇氣嘗試時，父母能給予足夠的信任與支持，陪伴孩子去練習為自己的人生行動！

孩子永遠需要父母的凝視與關懷

　　南行善的教養方式符合阿德勒心理學所主張的，父母要接納孩子原本真實的樣子，並避免自己過度介入孩子的課題，父母要做的是，從旁協助孩子去培養獨立自主的能力。若父母一肩扛起孩子的

責任，那孩子就會失去鍛鍊肩膀的機會。

　　岸見一郎是日本阿德勒心理學會認可的諮商師與顧問，他曾經出版的《被討厭的勇氣[1]》，在世界各國暢銷多年，此書被譽為阿德勒心理學的新經典著作。然而即使如此專業的他，在養育孩子時也與我們一樣，會遭遇到極大的挑戰與困境。後來，他透過教養的親身實踐，向我們提倡「不教養的勇氣」。

　　岸見一郎在《不教養的勇氣[2]》一書中，提倡不責罵孩子，因為當孩子被責罵到無路可退時，只會盲目地考慮他人想法，無法自主判斷。他也提倡不讚美孩子，因為當孩子被過度讚美時，容易只為了滿足父母或社會的期待而付出行動。

　　那麼，當孩子做對的事情時，父母該如何回應呢？他認為，父母可以對孩子表達謝意，例如說：「謝謝」，這能讓孩子感覺到自己的貢獻與價值。

　　不過，只有做到如此，其實還是不夠的。岸見一郎還提醒我們：「不只關注孩子的行為，也要關注他的『存在』。」父母要能夠注意到孩子的存在，並讓孩子知道即使他什麼事都沒做，只是「單純

1　《被討厭的勇氣：自我啟發之父阿德勒的教導》，岸見一郎、古賀史健，究竟，2014。
2　《不教養的勇氣：阿德勒教你，接受孩子最真實的樣子，協助孩子自力解決人生課題》，岸見一郎，天下文化，2016。

活著」，也很好！

　　因此，請父母一定要記得，孩子永遠都需要父母的凝視與關懷，以及恰到好處的信任與不教養的勇氣。

✈ 存在感，能讓孩子知道自己的重要性

　　某個週末早晨，我們一家三口到早餐店用餐。用餐到一半，先生去上廁所，才過十幾秒，蒂蒂就說要去找爸爸。我問她：「為什麼？你是想上廁所嗎？」

　　她笑笑地回應說：「因為我想去問爸爸，他愛不愛我。」接著，她就咚咚咚地跑去廁所。沒多久後，他們倆人都露出燦爛的笑容，手牽手回來。

　　我好奇問先生，他是如何回應孩子的問題，沒想到先生淡定地說：「我說：『妳快點去吃早餐啦！』這樣，不然要說什麼？」聽到這個答案，我愣了一下，但蒂蒂並未露出失望的神情，仍一臉滿足地回到座位上吃早餐。

　　後來，我才意識到對年幼的她來說，只是希望和父親有連結，刷一下自己的存在感，而父親的回應其實影響不大！

　　大部分的孩子，都是喜歡刷「存在感」的，只是每個孩子刷存

在的方式不同。有些孩子會希望你專心凝視著他,有些孩子則是希望你仔細聆聽他說話。

然而,當孩子的正向行為無法取得存在感時,就會轉為負向行為。如瘋狂哭鬧、與人打架、破壞物品……等等,孩子會退而求其次追求父母的「反應」,即使是責備也好。

身為大人的我們,也喜歡刷「存在感」,希望被人記得、被人看見,成為有影響力的人。例如在社群軟體上,向朋友傳毫無意義的貼圖。就好比我常在娘家群組裡,回應與我無關的訊息,當妹妹向母親留言:「今晚不回家吃飯。」我就留言說好。

在親密關係裡,我們也會在意自己的存在感,期望伴侶能將自己放入心中,只是每個人在意的方式不同。例如說,有些人在乎對方是否記得自己的生日、結婚紀念日或其他具有意義的日子。有些人在乎對方外出時是否會想到他,並為他買一點小禮物,重點不在於小禮物,而是被記住、被掛念的存在感。有些人則是在乎對方是否記得自己曾說過的話,因此他們很討厭反覆回答同樣的問題,他們認為這代表對方不重視自己,所以才沒把話聽進去。

當我們被重視的人記在心裡時會產生愉悅感,不僅證明自己的存在,也證明關係有著深厚的連結。存在感是價值感的基石,當我們感受到自己的存在得到他人認可時,我們會更有意願與動力,去追求自身實現,以及對社會做出貢獻。

✈ 安全感，能讓孩子安心追求自己的人生

當一個人擁有足夠的安全感，才能夠在這世界上安心生活，自在與人互動，並追求自己想要的人生。

有一次，我和三歲的蒂蒂、親戚的孩子瑜瑜，一起玩了半小時後，由於還有其他的事情要處理，所以我們得結束遊戲。

當時，我請瑜瑜去找她的媽媽，但她不願意，希望能再玩下去，於是我降低音調、放慢語速，堅定地對她說：「我們要結束遊戲了，因為等一下還有別的事情要做，所以請妳先去客廳找媽媽。」

我沒有提高音量，也沒有帶著憤怒要求她，但瑜瑜竟然露出恐懼的眼神，當場哭起來，她哽咽地說：「我爸爸都會打我……。」她的過度反應彷彿一朝被蛇咬，十年怕草繩一樣，究竟她成長在多麼高壓的家庭。

從心理的角度來看，瑜瑜是一個過度警戒的孩子。她的生活是充滿危險與威脅的，只要有什麼風吹草動，就會觸發她的警覺系統。

在孩子的成長過程中，若是經常被父母責備、批評、嘲笑或辱罵，讓孩子遭受過多的威脅，非常不利於孩子建立內在的安全感，導致他容易過度警戒與焦慮。

儘管現代社會中仍存在危險，但並非處處充滿危險，無須時刻

保持高度警覺。若孩子無法合理地判斷危險，隨時都得保持高度警覺的狀態，這種如履薄冰的生活，對於人格養成與課業學習是相當不利的，也會難以建立信任的人際關係。

父母要讓孩子感受到「家」存在的功能與價值。別讓「家」形同虛設，也別讓孩子有家歸不得、有苦說不出、有痛卻不敢叫。我們要讓孩子相信，家是安全的，家人是值得信任的，而孩子永遠都是家裡重要的一員。

✈ 透過遊戲來建立安全感與存在感

在陪伴孩子的遊戲時，父母必須成為一位「安全」的大人，用穩定的情緒狀態參與遊戲，並且給孩子足夠的發揮空間，滿足孩子所需的安全感與存在感。

1. 在遊戲中給孩子足夠的安全感

在遊戲中，請父母用鼓勵與肯定來取代指責與批評。這是最基本的原則，在遊戲當中，除非具有實際的高危險性，否則盡量讓孩子自己作主，並鼓勵孩子可以按照自己的想法來玩，以及肯定孩子的創意，即使與玩具本身的玩法不同也無妨。

父母也可以鼓勵孩子勇於嘗試挑戰，並給予支持。例如當孩子

提起勇氣，挑戰他一直都不敢嘗試的繩索橋時，你可以說：「好，那我們來試試看！」而非在旁邊唱衰說：「這你又不敢，一定又會像上次一樣，才爬到一半，就說要我抱你下來。」

　　父母還可以刻意犯錯，在孩子注意到後，示範成熟的大人是如何面對犯錯的。這能讓孩子明白，犯錯是可以被接納的、無傷大雅的。同時，這也能避免孩子害怕被責罰而選擇隱瞞，或是避免孩子害怕失敗而選擇逃避。

2. 在遊戲中給孩子足夠的存在感

　　作為父母，並非要使盡渾身解數來陪伴孩子玩耍，有時僅需要簡單且客觀地反映孩子的言行，讓孩子知道父母正在積極關注他們。

　　父母可以經常重述孩子所說的內容，把自己想像成一隻鸚鵡或一面鏡子。無論孩子說什麼，你只要重新再說一次，讓孩子知道你與他同在，就能為他帶來存在感。同時，這也能促進孩子表達的意願。

　　例如，當孩子在跟你玩「醫生與病人」的扮演遊戲時，他用聽診器測量你的肚子，並說：「嗯！看樣子發燒了。」此刻，請別急著教育他，聽診器不是溫度計，你只需簡單地回應：「醫生，你說我發燒了嗎？」即可，孩子就會繼續說：「對啊！我開藥給你吃。」

孩子的腦海裡，有他內建的故事腳本，我們只要跟隨他，就可以讓故事開展出來。

父母也可以客觀描述孩子的非語言行為，例如動作、姿勢、手勢和臉部表情等。例如：「我看到你站起來了。」或「我看到你畫了一個圈圈。」當父母用語言表達出對孩子行為的觀察，這對孩子而言是一種積極的陪伴，表示他們真實地被父母關注著，而這樣的回應也有助於孩子觀察自己。

信任感的公式

如果這世界有信任感公式，那我認為會是這樣的：

信任感＝存在感 × 安全感。

存在感與安全感缺一不可，當孩子能明白自己存在的重要性，而且外在世界的環境能令他感到安全時，他才有機會培養信任的能力，從信任父母延伸到信任校園的師長與同學，進而信任社會與世界，建立高品質的人際關係。

02 ── 歸屬感
抵抗孤獨感，玩出連結力

孤獨，是現代的流行病

在 2020 年，知名羅姓藝人遭友人發現猝死在工作室兼住宅，震驚台灣社會。時隔一個月後，知名黃姓藝人因主動脈剝離，而引發心因性休克，最後獨自猝死在家。這一連串的新聞事件，引起台灣社會對「獨居議題」的重視。

這樣獨居的現象，不只在台灣發生，在國際間也是如此。英國早在 2018 年就任命首位「孤獨大臣」，而日本也在 2021 年，成立了「孤獨與孤立事務大臣」的職位，處理孤獨、獨居等相關社會問題。這兩個國家的政策都反映了，孤獨是現代重要的社會問題。

在 2023 年，美國國家衛生研究院老年研究所（National Institute on Aging, NIA）的研究更指出，長期與社會隔離對健康的危害，相當於每天抽 15 根菸，估計社會孤立和孤獨感，將縮短 15 年的壽命。

　　孤獨的問題不僅存在於中老年人，如今也有不少兒童與青少年，會經歷到孤獨感的問題。在疫情過後，有一份研究指出，至少有一半的兒童與青少年，經歷了中等程度的孤獨感，而他們的孤獨感越高，幸福感就越低，容易出現憂鬱、焦慮、遊戲成癮和睡眠的問題[1]。

　　在我寫書期間，有一則新聞描述一名男大生，他與同校女同學發展出「抱睡關係」，後來女方想結束關係，但他無法接受，而多次尾隨跟蹤女方，甚至在凌晨時，趁女方行走在路邊，他貿然環抱並追逐女方，最後女方不堪其擾而報警。

　　所謂的「抱睡關係」，指的是兩人同躺一張床，但不發生性行為，只是相互擁抱一同入眠。為什麼會有這種關係呢？往往是因為內心感到孤單與寂寞，需要透過實際的身體接觸，來感受與他人的連結。

　　每個人都需要一定程度的身體接觸，這能增加與他人連結的立體感。尤其是在親密關係中，像是親子間的擁抱或伴侶間的愛撫

1　Loneliness and Well-Being in Children and Adolescents during the COVID-19 Pandemic: A Systematic Review. Ann H. Farrell, Irene Vitoroulis, Mollie Eriksson, and Tracy Vaillancourt. Children (Basel). 2023 Feb; 10(2): 279.

等，身體接觸都是不可或缺的重要元素。然而，現代父母與孩子的注意力，大多都集中在手機上，像是社交軟體、網路遊戲或串流影音，在這樣的情況下更容易感到孤獨。

孤獨已然是現代的流行病，這對父母來說，是一個相當重要的警示。因此，在教養的過程當中，父母要學習如何增加孩子的連結感與歸屬感，以增加對抗孤獨病毒的免疫力。

✈ 「自我孤立」與「他人孤立」的交互作用

台劇《不良執念清除師》描述名為蒲一永的少年，在經歷交通事故後，獲得通靈能力的故事。

劇中的林永川，他當了七年的無名大體老師，道盡了「人生在世，生來孤獨」的無奈。當時蒲一永與夥伴，透過大體老師後背上的仕女紋身所幻化出來的靈體，循線找到了他的主管徐蔚山，並從其口中，得知了他的名字與故事。

林永川在父母的期待下考上師範大學，但父母卻接連離世，失去雙親的打擊使他放棄學業，直接進入職場工作。雖然他從不缺席公司聚餐，但用餐過程中卻不發一語，平時工作也不與同事互動。

他的奇怪舉動成為同事間茶餘飯後的話題，身為主管的徐蔚山也不經意地告訴其他同事，曾撞見他與流浪漢們圍在一起。豈料在

公司傳開，導致公司的高層辭退林永川。

　　故事說到這裡，也許你好奇林永川為何總是出席公司聚餐，但又沉默不語呢？他又為何要與流浪漢在一起呢？因為，他害怕回到那空無一人的家，但害怕獨處的他，卻又有「與人連結」的困難。

　　在生活中，你也曾感到孤獨感嗎？在諮商室裡，有過不少帶著孤獨感前來求助的來談者，在我們晤談的過程中，會去探討孤獨感是如何發展出來的。通常，源自於兩種孤立狀態，「自我孤立」與「他人孤立」，而這兩者會交互影響。

　　從《不良執念清除師》林永川的故事裡，以同事取笑與不友善的角度來看，明顯是他被同事孤立與排擠了，這就是「他人孤立」。

　　但從另一個角度來看，他在公司裡選擇不發一語，無疑是把自己封閉起來，他人沒有機會可以認識他、理解他，這則是「自我孤立」。

　　「自我孤立」和「他人孤立」到底是哪個先出現呢？這很難說，就像是「雞生蛋，還是蛋生雞」的千古謎題，各有各的說法。但更貼切的比喻是，「自我孤立」和「他人孤立」就像是兩條互相纏繞的繩索，成了心中難解的心結。

　　在解開打結的繩索時，我們都會從比較容易鬆動的部分著手。面對孤立的問題也是如此，通常我們得從「自我孤立」開始，因為要改變「他人孤立」的情況較為困難。

把父母關入孤島的三種教養心態

你總是替孩子付出得太多嗎？你總是無法容忍自己的失誤嗎？你總覺得只有你在為這個家付出嗎？如果你常有這些想法，恐怕這正是你把自己關在孤島的信念。

父母把自己關入孤島的教養心態，有以下三種：

1. 過度負責：「我一定要幫孩子做好所有的準備。」

有些父母凡事親力親為，為孩子做好萬全的準備。同時，他們不放心把任務交給孩子本人，不願給孩子自己嘗試的機會，一定要親自動手處理，即使孩子本身有能力做到。當父母將所有的問題與責任都攬在自己身上時，無疑是在孤立自己。

因此，建議父母要經常提醒自己，避免獨自承擔全部責任，將所有的問題歸因於自己身上。我們都需要培養一個能力，就是在同一件事情上，看見自己的責任，也看見孩子該承擔的責任，以及看見伴侶該承擔的責任。

2. 追求完美：「我一定要找到完美的育兒方式。」

有些父母凡事都追求完美，一心要找到最完美的育兒方式，並在自己失誤時嚴厲譴責自己，給自己極大的育兒壓力。同時，他

們也無法容忍孩子有不佳的表現，不僅把孩子真實的狀態推得遠遠的，也過度理想化孩子該有的表現。

　　當父母過度相信「完美」存在時，就越容易發現「不完美」的存在。因此，我們要從完美的美夢中甦醒，認清這世界並沒有完美的教養、完美的父母、完美的伴侶和完美的孩子。我們需要提起勇氣面對真實的自己、真實的孩子、真實的伴侶，尤其是那些與自身期待或信念相反的事實。

3.拒絕求助：「我只能靠自己把孩子帶好。」

　　有些父母非常能幹，凡事都能單打獨鬥，全力以赴地養育孩子，但卻拒絕接受任何人的助攻，包含伴侶或長輩。甚至當孩子罹患了嚴重的身心疾病，已超出了自身的能力範圍，仍不願尋求專業人士的支援。

　　當父母拒絕他人或社會的協助時，無疑是將自己與孩子孤立在無人島上。在孩子的成長過程，有些是父母能提供的，但也有些是父母無法給予的。當父母遇到棘手的教養問題時，請父母一定要向外尋求協助，可以單方面的搜尋網路資訊、閱讀教養書籍、參與親子教養線上課程，也可以是尋求專業人士，進行一對一的親職諮詢或一對多的親子諮商。

　　當父母只知埋頭苦幹時，父母與孩子就會成為一道密不透風的

牆，難以與外界取得聯繫。作為父母，我們要能做出良好的示範，持續與社會產生正向連結，讓孩子有學習與模仿的機會，未來孩子才能更好地融入社會。因此，父母要避免自我孤立，才不會讓孩子也跟著一起打結而與社會脫節。

中斷連結，是為了更緊密的連結

與孩子產生連結的方式中，「身體接觸」是最有感、最簡單的方式。在嬰幼兒時期，父母可以多給予按摩，讓孩子感受到你的善意，父母也可以多擁抱孩子，讓孩子感受到你的愛意，這些都是自然且深刻的身體接觸方式。

在蒂蒂還是嬰兒時，我會刻意多擁抱她。隨著她逐漸長大，有了自己的主見，我會提醒自己無論多生氣，都別拒絕她的擁抱邀請，以及無論我如何渴望擁抱，都要遵從她的意願。

我希望能讓她理解，她擁有自己身體的自主權，可以依據自己的意願與他人進行身體接觸。我也期望我們的擁抱是來自於她的意願而非強迫，這才是足夠好的親子互動，能產生正向的連結感。

她一開始都很樂意給我一個大大的擁抱，但約莫在四歲之後，我遇到了挑戰，她不會那麼輕易答應擁抱。就像有次，我詢問她：「媽媽，可以抱抱你嗎？」

　　她竟然果斷回答說：「不行！」正當我感到挫折，沒想到這麼快就迎來孩子不願擁抱的時刻。她又說：「媽媽，你應該要嘟嘴啊！」

　　我本來不願嘟嘴，但她卻十分堅持，我只好嘟起嘴巴，看看她到底在耍什麼把戲？沒想到她竟然撫摸我的頭，輕聲問：「你怎麼啦？」這口氣像極了她難過時，我會詢問她的語氣。

　　當時，我還不太能夠理解她的意思，只覺得莫名其妙，明明就是她叫我嘟嘴，怎反過來問我，於是我理所當然地說：「是你要我嘟嘴的啊！」

　　她搖搖頭，並對我說：「媽媽，你要說：『因為你不給我抱抱。』」我照著她的說法，說了一遍。

　　她馬上用安撫的語氣對我說：「來，我給你抱抱。」然後，她整個人瞬間就鑽進了我的懷裡，露出幸福的表情。

　　也許你和我一樣，心想：「那一開始直接擁抱就好了啊！為何還要拒絕？」後來，我經歷好幾次類似的互動，我才理解她並非不想擁抱，而是想製造「中斷連結」的狀態，好讓我們「重新連結」時更有感。

　　就像是夫妻吵架，當對方開始放軟、道歉時，你仍不願接受道歉，並採取冷淡的態度，拒絕與對方的示好。有時候，我們並非再也不要與對方和好，而是想讓對方明白，自己受到很大的傷害。說

穿了，就是為了更親密的靠近，才拒絕接受道歉。

在孩子哭鬧時，也會出現這樣的矛盾狀態。當你想去擁抱他時，他會把你推開，但當你因此離開時，他又會把你拉住、不願讓你離開。父母會感到矛盾與挫折，究竟要給孩子擁抱，還是暫離現場，讓他獨自冷靜。

請父母提醒自己，孩子並非不願意與你連結，只是有些情緒還過不去，不知如何向你表達。此時的他，非常需要你的協助，因為他很想與你連結，但找不到適合的方式與狀態。

在一次又一次的斷裂裡，找到重新連結的方式

在教養的過程當中，親子間必然會因為立場不同而產生衝突。不知你都是如何與孩子和好的呢？有沒有屬於你們親子之間獨特的和好方式呢？在我們家和好的方式，就是張開雙手擁抱彼此。

在「衝突之後」與「和好之前」的期間，對父母與孩子來說，都是非常挫折與難熬的時光。此時，父母要做的就是堅持連結，去理解與反映孩子的情緒，讓孩子知道你正在努力與他建立連結，例如：「我知道你現在很難過。」「我知道你現在很不想吃藥。」這能讓孩子知道你們是隊友，而不是敵人。

同時，父母要盡量避免自己說出「我不愛你了！」「給我出去，你不是我的小孩！」或「我討厭你！」之類中斷連結的語言。

　　另外，有些孩子會為了取得連結，而採取不恰當的身體接觸。當孩子情緒失控而大打出手時，父母需要確保自己與孩子的安全，並避免對孩子動粗，以及不斷嘗試與孩子產生連結。

　　一定要先同理孩子的心情，再處理孩子的問題。因為在育兒的過程中，從來都不是孩子要走進父母的心，而是父母要走進孩子的心，因此父母要用孩子想要的方式，創造連結的感受。當父母願意走進孩子的心時，孩子就能獲得充分的愛與理解，進而安心地走出自己的世界，與外界產生正向的連結。

透過遊戲來建立連結感與歸屬感

　　在孩子的成長過程中，連結感與歸屬感都是不可或缺的心理需求。連結感是人與人相連的感覺，而歸屬感比較像是一種身分認同，認同自己是屬於某個團體，並且是被接納與認可的。這兩者對孩子來說都相當重要，能促進孩子的心理健康與幸福感。

　　因此，父母在陪伴孩子遊戲時，可以多給孩子足夠的連結感與歸屬感。

1. 在遊戲中給孩子足夠的連結感

　　「躲貓貓」和「123 木頭人」，都是促進連結的遊戲。因為這

些遊戲的過程，都是從看不見到看見，也就是「中斷連結」到「重新連結」的歷程，這能強化連結的體驗。

在孩子出生後不久，父母就會用雙手遮住自己的眼睛，並對孩子說：「你看，我不見了！」接著，雙手再次張開，露出雙眼說：「我又出現了！」這簡單的舉動，孩子就會綻放笑容。

當孩子長大至兩、三歲時，就會進化成更有趣的「躲貓貓遊戲」。每當我與蓁蓁一同投入這種遊戲時，她常讓我感到既無奈又好笑。她經常在躲藏後向我高聲宣告：「媽媽，我躲好了！」但大人都知道，只要循著聲音，就能輕鬆找到她的藏身之處。

她的笑聲，永遠能夠讓我找到她藏匿的位置。有時，在我出發找她之前，她就會在藏匿的位置發出笑聲。有時，她會直接衝到我面前，大笑說：「媽媽，我在這裡啦！」

在台灣疫情肆虐的期間，我會與好友鍾宛貞視訊，雖然她本身未有孩子，但她其實是個「孩子王」，特別會「玩」小孩，我的孩子常被她玩到沒電。

我與她視訊時，她巧妙地運用語言與音調，讓蓁蓁在房裡四處奔跑，她反覆向蓁蓁說：「我要抓到你了！」蓁蓁每聽見一次，就會歡樂地加速奔跑。這有點像進入小學之後，小朋友會玩的追逐遊戲。

從那之後，當我晚上外出工作出現空檔時，我就會和孩子進行

視訊，玩起追逐遊戲。孩子在屋裡奔跑時，她不僅享受到運動的樂趣，也感受到親子間的連結。

如今，孩子成長於網路原生世代，雖然我們無法避免網路世代的到來，但網路只是一種中立的媒介，當我們能適當使用網路，就能促進我們與孩子之間連結感，滿足他的歸屬感需求。然而，若父母過度使用網路，則會導致人與人之間的疏離感。

2. 在遊戲中給孩子足夠的歸屬感

在遊戲的類型中，可簡單區分為「合作型」與「競爭型」兩大類。競爭型的遊戲參與者是敵對關係，彼此會相互競爭，以爭取獲勝的機會。如撲克牌遊戲的接龍、牌七、大老二、撿紅點等，每位參與者都會力求勝利。

在家庭中進行競爭型遊戲時，若父母過度執著輸贏，難免傷了家庭和氣，以及影響孩子的自尊心。因為年幼的孩子，根本難以勝過成年人，就像在我就讀國小時，常和年長的哥哥們玩〈大老二〉撲克牌遊戲，我從未贏過，即使手上有好牌，也難逃慘敗的命運，使我一度懷疑自己的智商。

相對地，合作型的遊戲參與者則是同伴關係，需要共同合作來完成任務，就比較不會有輸贏的問題。就像是 Nintendo Switch 的《超級瑪利歐派對》的河川生存戰，四名玩家不僅需要合力划船，

還要從各種合作類型的小遊戲中取得高分，來延長划船的時間，以抵達終點。

在建立歸屬感方面，父母可以和孩子多玩合作類型的遊戲，可以是桌遊，也可以是電動遊戲機。甚至，父母也可以生活中發揮創意，把平凡的日常瑣事變成了有趣的合作遊戲。

就像是那天早晨，我要求蒂蒂刷牙洗臉，但她表現出強烈的抗拒時，我靈機一動，拿出三分鐘的沙漏，模仿「奇妙救援隊 [2]」的語氣，告訴她：「現在，我們接到一個緊急任務，在三分鐘之內，沙漏流完之前，完成刷牙與洗臉的任務，妳可以辦到嗎？」蒂蒂的眼睛立刻變得明亮，充滿活力，她隨即點頭答應：「嗯！」

接下來，我們手牽手，小跑步去浴室，我刻意製造緊張氛圍說：「來得及嗎？來得及嗎？我們要快一點！」

她特意走回房間觀察沙漏的進度，她以冷靜的口吻對我說：「媽媽，不要急，我們一定來得及的！」後來，她以從容不迫的步調，完成刷牙、漱口和洗臉的動作。

另外，我也經常和她玩「岩漿遊戲」，想像地板都是岩漿，我們必須藉由踩踏物件，避免被岩漿灼傷。在這遊戲中，我們會互相

2　奇妙救援隊是蒂蒂特別喜歡觀賞的卡通。

支援，共同尋找可踩踏的物件，以確保雙方安全通過。

　　透過這樣的遊戲方式，父母能製造出一種緊張但愉快的氛圍，就像是在愛情心理學裡常提到「吊橋理論」，相較於短而堅固的木橋，走過搖晃吊橋的男性們，更容易受到女子的吸引。

　　里昂‧溫德沙依德是一位心理學家，他在《好好去感受[3]》進一步解釋，一個令人興奮但不至於讓人不知所措的經歷，會增加多巴胺的分泌，讓人誤以為是愛情萌芽。

　　因此，在與孩子遊戲玩合作遊戲時，偷偷加一點緊張元素進去，就能起奇妙的化學作用，讓孩子更喜歡你，也讓孩子更願意合作、更有歸屬感。

3　《好好去感受：別對情緒視而不見！更有意識地理解自己的感覺，找回內心真正的平靜》，里昂‧溫德沙依德，遠流出版，2023。

03 — 新鮮感
擺脫無聊感，玩出好奇心

 無聊會使人的自我控制能力下降

我有個朋友，她買了很多玩具給孩子，但孩子卻不感興趣，唯獨喜歡玩母親的化妝品，把口紅當畫筆，在每個角落留下痕跡。她常氣到跳腳，無論如何討好或打罵孩子，都難以改善孩子的行為。

孩子會不懂口紅並非玩具嗎？孩子會不知道拿口紅來玩會被母親罵嗎？其實，孩子都是知道的，只是他太過於無聊，想尋求更大的刺激。

從衛生福利部公布的 2022 年十大死因資料來看，觀察不同年齡層中「事故傷害[1]」的死因排名。在 1-14 歲及 15-24 歲都是都位

---

[1] 事故傷害指的是非蓄意性傷害事件，如「運輸事故」、「因暴露與接觸有毒物質所致的意外中毒」、「跌倒（落）」、「暴露於煙霧、火災與火焰」、「意外溺死或淹沒」等。

居首位。不禁讓人思考，其中有多少是為了緩解無聊，而釀成的意外呢？

　　在 2023 年 9 月，台灣傳出一則令人遺憾的新聞。一名年僅 7 歲的女童意外墜樓，重傷不治。據母親指出，案發當時女童獨自在房間內看電視，而警方在窗戶外的通道牆上，發現疑似女童的腳印，不排除女童是因為好奇玩耍或其他不明原因，從高樓不慎摔落致命。這並非唯一案例，類似的不幸事件在世界各地也屢見不鮮。

　　在《無聊的價值 [2]》一書指出，為了擺脫無聊感，有些人可能會做出殺人、暴動、嗑藥、賭博等犯罪行為，儘管這是極少數人的行為，但這也意味著，人們為了逃離無聊感，可能會做出不利於社會或個人的舉動。

　　或許，你早已發現，當你試圖擺脫無聊感時，這會使你變得衝動、難以控制，甚至做出不當的舉動。同樣的情況也會發生在你的孩子身上，他可能會因為無聊而難以約束自己。

　　當我們感到無聊時，大腦會催促我們尋找新刺激。例如靠吃來解悶、上社交軟體與人互動、放點音樂唱唱歌等方式，來排解無聊感。同樣都是擺脫無聊的方式，但不同因應的方式與程度，會對我

2　《無聊的價值：學會留白，不再愈忙愈空虛，為人生注入樂趣、靈感與創意！》，珊迪・曼恩著，三采文化，2017。

們會產生不同的影響。

如果,你一無聊,就想吃個東西解悶。長期下來,這種情緒性進食的模式,容易演變成肥胖、糖尿病或腎臟病等健康問題。

如果,你一無聊,就想上交友軟體聊天,尋找刺激、緩解當下的無聊感。後來,你和對方越聊越起勁,不小心迸出火花,危害到你的婚姻關係。

如果,你一無聊,就想玩手機遊戲。長期下來,你忽略了真實的人際關係,少了許多與孩子相處、伴侶互動的機會,這也會使你在現實生活中,更感到空虛與無聊,你就越難從手機遊戲裡脫「癮」而出。

無聊是一種自然情緒,它本身不可怕,但若我們為了擺脫無聊感,而做出危險的行為,這才是要擔心的事情。

✈ 在平凡時刻,創造非凡體驗

我們因應無聊的方式,可簡單區分為「向外尋求刺激感」和「向內提高敏感度」這兩類。

1. 向外尋求更大的刺激感,來滿足身心的空虛感

人們會透過增強外在刺激的強度，來幫助自己擺脫無聊感，如吃重口味的食物、看刺激的電影、做較為激烈的運動等。

「向外尋求刺激感」是被動式的接收，以內在運作來說，較為輕鬆省力，但過度追求高強度的刺激，易使自己陷入危險，如騎更快的車、抽更多的菸、喝更多的酒，導致嚴重的成癮問題。

2. 向內提高自己的敏感度，來滿足身心的空虛感

人們透過於專注當下的活動，保持好奇心，體驗身心的變化，創造有感的經驗。舉例來說，當你在吃飯時，選擇靜下心來，細嘗食物的風味，品嘗其酸甜苦辣鹹與軟硬酥脆的口感。這種有意識的飲食方式，與狼吞虎嚥相比，更能嘗到豐富的口感。同樣地，當你騎車感到無聊時，嘗試打開感官，眼觀四面，耳聽八方，嗅聞街道的氣味，感受風的撫擊等，能大大提升你的真實感受。

「向內提高敏感度」是主動式的創造，以內在運作來說，較為費力且需要練習。不過，生活中存在著無數個平凡時刻，當我們能夠增加內在的敏感度，在每一個平凡時刻，也能創造出非凡的體驗，這種主動參與創造的方式，能更加豐富我們的生活。

培養孩子的敏感度與好奇心

有些孩子，你給他再多的玩具，他還是玩得很無聊；有些孩

子，你只給他少少的玩具，但他卻能玩得不亦樂乎。這到底是為什麼呢？遊戲本身當然是一個很大的因素，不過這也與孩子自身的狀態有關。

在陪伴孩子的過程當中，我更傾向於去提高孩子的敏感度，而非給孩子更大的刺激感，因為基於人性，孩子自然就會去追求。

對我而言，父母能贈送給孩子的禮物，不是一堆好玩的玩具，讓他們在充滿高刺激的環境下，只需要「被動反應」就好。我更重視培養孩子的敏感度，激發他們的內在好奇心與創造力，主動地參與人生這場遊戲！

因此，我不傾向一直花錢買玩具給孩子，我更傾向於和孩子用不同的方式，玩同一種個玩具，就像是舊瓶裝新酒，為舊玩具賦予新功能，以激發孩子的創意與想像力。當孩子具有足夠的想像力時，他也能將玩具想像成化妝品，創造體驗化妝的樂趣呀！

✈ 創造恰到好處的新鮮感，享受家庭生活的樂趣

日本電影《每天回家老婆都在裝死》，描述淳與知惠結婚邁入第三年，身為丈夫的淳，他某天下班回家後，驚見妻子知惠倒在血泊中，他嚇了一大跳，後來才發現原來是知惠裝的。

從那之後，知惠每天都用不同的手法裝死，例如將自己放入擬真鱷魚的嘴巴中，或者扮演中彈的士兵、身中數箭的將士等。淳從一開始的驚嚇，到後面全力配合演出，但時間一長，他的體力逐漸吃不消，也感到越來越厭煩。

淳向妻了表達自己的厭倦，從那之後知惠雖然不再裝死，但卻扮演起各種角色，如奧特曼、貓咪、外星人等，讓淳越來越痛苦，也越來越無奈，不解知惠用意為何。

就在此時，知惠接到醫院的來電，得知父親生病的消息，淳與知惠趕去醫院。知惠的父親私下向淳提及，在知惠年幼時母親就不幸離世，當時他得一邊承受喪妻子的哀痛，還得獨自開店、扶養知惠長大。

後來，他每天晚上返家，就會發現知惠躲起來了，一開始他感到煩躁，自己都這麼累了，孩子還搗亂，讓他感到很生氣。

接著，有一天他找不到知惠，最後才發現她竟然爬到了衣櫃上，還扮成貓咪的樣子，對他說：「喵～」那時他突然領悟到，原來知惠只是想要逗他開心，才會故意躲起來的！

知惠的父親說：「人生有三種坡道，一是上坡道，二是下坡道，三是沒想到！」

我們與孩子的關係，也會出現這三種坡道。當我和孩子走在上坡道時，雖然會覺得辛苦、緩慢，但我們會感受到彼此的關係越來

越要好。當我們和孩子走在下坡道時，互動會不自覺加速起來，但親子間的關係也越來越緊張與危險。另外，孩子也會有出現出乎意料之外的反應，有時我們會感到驚喜，但有時是驚嚇，尤其是孩子特別安靜的時候。

人是很有意思的動物，我們的大腦喜歡尋求刺激，不過每個人喜歡的刺激量並不太相同，就以吃辣來說，有人喜歡微辣，有人喜歡大辣。當辣度超過自己能承受的程度，就會轉為痛苦！

在生活當中，人們為了尋求刺激，來換取新鮮感。在關係裡頭也是，有些人會創造不同的刺激，來為關係保鮮，就像《每天回家老婆都在裝死》裡的知惠一樣，只是對淳來說，如此長期且過量的刺激是一種煎熬。

在你與孩子的互動當中，不知道你的孩子，帶給你的刺激量如何呢？

每天總是給你沒想到的驚喜？還是出乎意料之外的驚嚇呢？我想，肯定是都有的。孩子熱愛刺激，再加上他們充滿創意、無設限的小腦袋，肯定天天都會送你意想不到的禮物。

在親子關係裡，父母需要給予孩子適當的刺激，像是在日常生活中嘗試與孩子有不同的互動方式或玩不同的遊戲，增加親子間的期待感。在親密關係裡，伴侶之間也需要彼此的「愛的刺激」，才能延續愛的滋味，因此在日常生活裡也可以來點適當的變化，在舊

的親密關係裡，產生新的感覺，延長婚姻的保鮮期！

「偷偷來遊戲」，真好玩

我在《讓孩子成為自己人生的專家[3]》書中，分享自己讓孩子刷牙的過程。一開始，她表示願意刷牙，但當我將要把牙刷送入她嘴裡時，她又會緊閉嘴巴，這樣的過程反覆發生，讓我很是苦惱。

當時，我試著用溫和且堅定地口氣，告訴她得刷牙。在浴室裡，我與她僵持許久，我反覆做同一件事情，允許她表達抗拒，但也告訴她，若她又緊閉雙唇，我就會再退後一步，直到我回房間就會放棄幫她刷牙。我這麼做，是希望她能了解到自己行為的後果而做出改變。

這樣的互動過程是相當挑戰的，當父母狀態不穩定時，就難以維持溫和而堅定的態度，並且很容易被孩子激怒，導致情緒失控。然而，當父母對孩子暴怒，就失去了教養的效果，因為孩子選擇妥協，是因為你的憤怒，而非你的教養。

當然，我們並非每次都要採取如此嚴肅的方法，尤其是自己感到疲累的時候，偶爾也可以採取另類的方式。尤其是在處理日常瑣

---

3 《讓孩子成為自己人生的專家：15 個「遇」兒心姿態，展開親密的親子之旅》，胡瑋婷，橙實文化，2022。

事時，父母可以注入一些刺激的元素，讓無聊的活動，產生化學變化。

就像某次睡前，當我正打算要幫荳荳刷牙時，我忽然靈機一動，小聲地對她說：「我們偷偷去刷牙，不要被爸爸發現。」荳荳的眼裡在發光，她用力點頭，接著我們兩人不約而同看向正在追劇的先生。

隨後，我們閉上嘴巴，輕手輕腳地離開床，穿上室內拖鞋。我用眼神示意荳荳，要她輕聲走路，別發出拖鞋聲。我們悄悄地離開房間，一切神不知鬼不覺的，這種偷偷摸摸的刺激感，真是有趣極了！

我們刷完牙後，又安靜地回到房間，假裝什麼都沒發生。此刻，電視劇情剛好告一段落，先生轉頭對荳荳說：「好了，要來睡覺了，荳荳，來刷牙！」這引起我和她的大笑，因為先生完全沒察覺，我們早就刷完牙了！

後來「偷偷來遊戲」變成我們的日常，包含偷偷穿衣服、偷偷穿鞋子、偷偷曬衣服、偷偷包尿布等。這些日常小事，加上一點刺激的元素後，生活變得有意思起來，教養也變得輕鬆許多。不過，請父母要留意的是，「偷偷來遊戲」的關鍵，是要給出驚喜而非驚嚇！

✈ 父母需要意義感，擺脫無聊的育兒生活

你是否常覺得陪孩子是一件沉悶又浪費時間的事情呢？我猜你經常這麼覺得，因為我也是！

一開始，你可能希望多花一些時間來陪伴孩子，並懷著期待進入他們的遊戲世界。然而，隨著遊戲的進行，時間似乎變得越來越緩慢，你的心中不禁冒出疑問：「到底還要玩多久？」接著，你渴望時間能加速，最好下一秒讓孩子入睡，這樣你就能擁有自己的時間了。

不過，時間還是過得很緩慢、很緩慢。你發現自己的注意力難以集中，尤其是當孩子反覆玩同一個遊戲時，單調又乏味的遊戲過程使你備受煎熬、度日如年。

接下來，你的精神力與體力逐漸下滑，變得無精打采，對任何事情都失去動力，也不再願意參與孩子的遊戲，對遊戲感到厭倦。於是，你抗拒與孩子對話，抗拒加入遊戲，以為這樣就能擺脫無聊。然而，這只會使你更加煩燥，對孩子產生不耐煩的情緒反應，親子關係一不小心就會陷入僵局，甚至擦槍走火、鬧劇收場。

為什麼大人總是覺得孩子的遊戲無聊呢？首先，從遊戲的難易度來看，孩子玩的遊戲往往過於簡單、缺乏挑戰性，難以燃起父母親的鬥志。其次，從遊戲的刺激度來看，孩子的遊戲過於平凡或缺

乏新鮮感，難以吸引父母的注意力。最後，從遊戲的自由度來看，幼兒的玩樂通常毫無章法，容易使父母無所適從。

在《無聊心理學[4]》一書中，形容「無聊」是一種想要卻無法投入參與令人滿足的活動，所導致的不適感。

你想做些事情卻又提不起勁，這令人十分難受。在此時，父母可以試著在遊戲中，找到自己的意義感，不過這不能是成就感或控制感，因為這些都得讓給孩子，這對他們來說更具意義與價值。

在書寫本書期間，我曾帶孩子去台中異想新樂園的家家酒區玩，沒想到我們竟然在那裡玩了足足六小時，其中約有半小時是用餐時間。為什麼我願意花這麼長的時間陪孩子玩？

在遊戲中觀察孩子的言行，就像是進入到孩子的內在世界，深入理解他的感受與想法，這能帶給我與孩子更加靠近的感覺。對我而言，這就是最有意義的部分。

當你陪伴孩子玩耍時，對你來說最有意義的是什麼呢？

4　《無聊心理學》，詹姆斯・丹克特、約翰・伊斯特伍德著，橡實文化，2022。

✈ 如何挑選適合的遊戲，讓孩子產生興趣？

你有沒有過這樣的經驗？你特地買了一個玩具給孩子，但他卻不領情呢？我自己在挑選玩具，會特別從這三個角度來挑選。

1. 遊戲的難易度

孩子的能力會隨著大腦發展和生活經驗而逐漸成長。對孩子而言，遊戲的難易度適中很重要。若是遊戲太難，超出了孩子的能力，他可能會選擇放棄，並感到無聊。相反，若是遊戲太簡單、缺乏挑戰性，他也會感到乏味。

父母在挑選玩具或陪伴孩子玩遊戲時，建議從簡單的開始測試。例如，在買拼圖遊戲給孩子時，先從十片以內，以及熟悉的圖案開始。當孩子瞭解拼圖遊戲的規則之後，再依據孩子的能力，逐漸增加片數，提供具有一定挑戰性但仍可嘗試的拼圖數量和圖案。

2. 遊戲的刺激度

每種遊戲帶來的刺激度不同，就拿扮家家酒與賽跑相比，當然是賽跑提供更高的刺激度。對孩子來說，遊戲的刺激程度也需要適度。若是遊戲刺激度太強烈，孩子可能會感到害怕或驚嚇，而不願意嘗試與參與；但若遊戲刺激度太低，孩子則會失去興趣。刺激度

適中的遊戲，有助於激發孩子的興趣，並挑戰成功，獲得成就感！

另外，人是「習慣」的動物，長時間的相同刺激，也是不適當的，容易導致疲乏感。這引出另一個問題，如果父母長期給孩子高刺激的遊戲，孩子可能會適應這種刺激程度，長期下來他們的感受力會變得遲鈍，並對刺激度低的遊戲興趣缺缺。

長期使用手機觀看短影音或玩遊戲，就是一種高聲光刺激的娛樂方式，而且它能即時獲得正向回饋，如通過關卡能獲得獎勵、打敗怪物能獲得經驗值。孩子容易過度貪戀手機的滿足感，而不願意參與低刺激、延遲回饋的活動，如閱讀和繪畫等。

父母在挑選玩具或陪伴孩子玩遊戲時，可分成靜態與動態的活動。靜態活動適合在平日的晚上，如親子共讀、塗鴉或扮家家酒遊戲。動態活動適合在假日的白天，父母可依據孩子自身的狀態，選擇具有一定刺激程度的活動，像是有點刺激但又不至於到過度害怕的遊樂設施，或者參考本書第二章的〈一個可靠的身體，玩出堅定的信任關係〉中談的「撲倒遊戲」。

3. 遊戲的自由度

每個人所需要的遊戲自由度不同，有些人喜歡高自由度的遊戲，像是之前爆紅的《動物森友會》，可以四處串門子，探索這個遊戲世界，想怎麼玩就怎麼玩。但有些人喜歡的是玩《超級瑪莉歐

兄弟》這類型的闖關型遊戲，這自由度相對較低，而且有清楚的破關路線！

父母可以觀察孩子的興趣和行為，瞭解他們對自由度的需求。有些孩子充滿創意，總是玩出不同的玩法，通常他們不喜歡有太多的限制與規定。但有些孩子得依循著遊戲規則，才玩得起來。一般來說，年紀越小的孩子，所需的自由度越高。

嘗試多元的遊戲類型，培養廣泛的好奇心

一個好玩的遊戲，需要考慮難易度、刺激度和自由度。適中的遊戲，能讓孩子更投入於遊戲，從中體驗遊戲樂趣，幫助他們全方位的發展。

以年幼的孩子來說，我會建議父母可以多嘗試不同類型的遊戲，讓孩子多方發展與探索，別因為孩子喜歡車車，就一直買車車給孩子，也別因為孩子喜歡洋娃娃，就一直買洋娃娃給孩子。

我就讀大學時，曾學習到《興趣量表》的測驗實施與解釋，這份測驗可以測出自己的興趣類型，分別有實用型、研究型、藝術型、社會型、企業型和事務型。

其中有個概念稱為「區分性」，如果這六類所得的分數差異大，就是區分性高，代表有明顯興趣類型。但若分數差異小，就是區分性小，代表沒有明顯興趣類型。

　　我在與大學生討論測驗結果時，發現區分性小的人，往往不知道自己的興趣在哪裡，而且生活較為單調，探索的機會很少。

　　從他們的經驗來看，我會建議父母可以多嘗試不同的遊戲與體驗。若經濟允許，父母可以花錢買體驗，例如採草莓、餵養動物，或是嘗試各種 DIY 的體驗，這些體驗雖然是無形的，但價值不一定會輸給有形的玩具。

　　父母可以鼓勵孩子探索世界，培養他們的好奇心，當他們探索世界的經驗越廣泛，他們的人生就越豐富，而且更有機會找到自己想深入鑽研的領域，甚至能結合多種不同的領域，成為自己最獨特的競爭優勢。

04 ── 控制感
緩解焦慮感，玩出自主力

✈ 每個人都會感到焦慮，並且試圖找回控制感

　　小平自小就承擔家務，在天未亮時就得起床工作，往往連吃早飯的時間都沒有，就得再趕去上學。當她成為母親後，絕不讓孩子餓肚子，結果常準備過量的食物，以確保孩子吃飽，但卻造成孩子過度肥胖的問題。

　　小桐成長在貧困的家庭，缺乏保暖的衣物，每到寒冷的冬季，她就會特別害怕出門上學，擔心凍傷手腳。當她成為母親後，她總是擔心孩子受寒，即使孩子穿得密不透風，流汗引發熱疹，小桐仍擔心孩子感到寒冷。

　　阿官自小對讀書不感興趣，高中畢業後就放棄升學。出社會之後的他，難以找到理想的工作，只能從事苦力，這使他經常感到懊悔。當他成為父親後，便過度嚴厲要求孩子的成績，卻導致孩子跟他一樣，對讀書感到抗拒。

　　當我們無法控制自己的童年生活，這種生存焦慮會埋藏在內心深處。成為父母後，那股焦慮會再次襲來，驅使我們掌控孩子的童年生活。然而，那些受我們過度控制的孩子，也會在他的童年中失去控制感，長大後也會去控制他的孩子。

　　每位父母都帶有過去成長的傷痛，不免透過給予孩子最佳的成長環境，來療癒過去的傷痛。自己曾餓過，就害怕孩子餓到；自己曾冷過，就怕孩子冷到；自己曾吃虧的地方，就怕孩子再吃虧。雖然這樣的出發點是自然的，但若是父母的關愛伴隨著高度的控制，恐怕對孩子是百害而無一利。

　　控制感的核心情緒是「焦慮」，特別是面對未知的人事物或非預期的情境時，往往會引發焦慮感，擔心不可控的危險發生，因此我們會想盡辦法重獲控制感。然而，焦慮容易使我們失去智慧與理智，無法冷靜地思考與行事，在這樣的情況下，更容易釀成大錯。

✈ 教養越是控制，孩子越是失控

　　韓劇《壞媽媽》描述經營養豬場的陳英順，她在懷孕期間，丈夫受到財團迫害並包裝成自殺身亡。英順曾尋求司法的協助，但卻發現官商勾結，無法還原事實真相。後來，她帶著喪夫之痛，獨自扶養崔強豪長大，並且扮演起嚴苛兇狠的壞媽媽，要求強豪得有出

色的課業表現，並且成為檢察官，才不會被他人欺壓。

　　沒想到，強豪卻在大考當天，為了照顧出車禍的女友而放棄考試。當強豪回到家時，英順生氣地質問他：「你為什麼要因為別人毀掉自己的人生？」

　　此時，長期受到母親控制的強豪，反問：「我哪有自己的人生？」並提及英順的控制，逼得他喘不過氣來，指責她擅自決定他的人生，接著強豪再次質問：「父親死得冤枉，是我的錯嗎？」

　　面對強豪的質疑，英順打了他一巴掌，怨恨地問：「是啊！你父親為什麼死得那麼冤枉？給我一個原因啊！」多年下來，對於英順來說，丈夫的死亡仍是難以接受的事實。

　　當英順稍微平復情緒時，她冷酷地說：「你已經受夠了，你恨不得逃離，是吧！那就成為法官或檢察官，你就能擺脫那噁心難聞的豬屎味，還有我這樣的壞媽媽。」

　　強豪指責母親之所以嚴苛，就是因為過去的她無權無勢、受盡欺壓，如今想利用自己來掌握權勢。最後，這場爭執就結束在強豪所烙下的狠話：「你想把我培養成一個庸俗的人，就跟那些害死爸的傢伙一樣。好，我明白了，我會成全你的！」

　　當父母無法掌控自己的人生時，就容易把期待放在孩子的身上，去操控孩子的人生。

　　有時這樣的控制，會被父母包裝成「愛」，對孩子進行道德勒

索。我不否認，確實有愛的成分在裡面，但為何孩子感受不到愛時，父母仍選擇一意孤行呢？這樣的愛，真的只有愛而已嗎？

面對控制型父母的五種生存策略

如果孩子在生活中缺乏足夠的權力，難以滿足內在的控制感需求時，孩子可能會以不健康的方式來獲取控制感，而不同特質的孩子會採取不同的手段。

丹‧紐哈斯是臨床心理學博士，同時也是執業逾二十年的資深婚姻家庭心理師，專門協助成年人克服不健康的家庭控制。他在《如果我的父母是控制狂 [1]》提到，在面對控制型父母時，不同的孩子會依據自身特質與父母的反應，採取不同的因應策略，目的都是幫助自己在原生家庭中生存下來，而不同的適應策略有相對應的代價。

他介紹了這五種適應策略：

1. 順從：

指的是順從父母的心意，這可以降低父母的怒火，但同時也會

1　《如果我的父母是控制狂：如何設定界線、自我修復、終止控制世代的循環？》，丹‧紐哈斯，橡實文化，2018。

失去自己的自由意志。就像是《壞媽媽》的崔強豪，順應了母親的期待，考上檢察官，但這並非是他自己選擇的人生。

2. 反抗：

指的是反抗父母的心意，雖贏得了自己的自由意志，但可能呈現出「壞孩子」的形象。就像是陸劇《樂遊原》裡的李嶷，他是梁王膝下的第三子，他雖心懷天下，但無心爭奪王位，因此他故意帶頭犯錯，好讓先帝貶他去鎮守邊關。然而在梁王心中，李嶷就是個大逆不道的孩子。

3. 分散注意力：

用嘻哈的態度或情緒爆發來分散注意力，雖避開了父母的負面注意，但同時也失去了自己在父母心中的地位，並且也逃避面對真正的問題。就像是台劇《有生之年》的高嘉岳，他常用一種不正經的態度來面對家庭裡的衝突與爭執，有次他在房裡聽見父母的吵架聲時，就用輕浮的口氣說：「都是我的錯啦！」來分散父母的注意力。

4. 自我隔離：

把自己的內心封閉或隔離開來，雖躲開了父母的控制，但容易

迷失了自我。這類的孩子長大後，多半會想盡辦法離開原生家庭。

5. 爭強好勝：

想盡辦法努力博取父母的認可，雖然有機會獲得父母的認可，但可能內化了不健康或扭曲的價值觀。

在教養的過程中，父母的控制有時是必要的，例如年幼的孩子試圖玩火，父母得阻止孩子做出危險的行為。不過，父母不能完全放任孩子，但也不能完全控制孩子，這中間的拿捏，雖不容易，但卻很重要。

當父母過度控制孩子的生活時，孩子為了生存，所發展出來的生存策略，將會成為他未來與人互動的模式。同時，丹・紐哈斯也提到，這些適應策略「既是資產也是負債」。

就拿選擇「順從」適應策略的人來說，他們長大之後可能變得更有能力理解與滿足他人的需求，這是很可貴的資產，但這些人也可能會在自己不願意的情況下，強迫自己去順從他人，這樣的生存策略，也可能使他們的人生更加失去控制，變成一種嚴重的負債。

✈ 父母追逐權力的老把戲，成為孩子的新花招

你可知道，孩子絕對是「以其人之道，還治其人之身」的高手！

有次，我和蒂蒂一起玩塗鴉畫板，當我畫出來的東西不符合她的期望時，她生氣地表示我畫錯了，並要求我再重畫一次。

然而，我重畫數次都無法符合她的期望，我憤怒地說：「你不要管我，我想怎麼畫就怎麼畫，我可以自己決定！」

從那之後，當我們在立場上有分歧時，她就會直接跳過溝通的步驟，任性地告訴我：「這是我的決定，我想怎麼做就怎麼做！」這經歷讓我更加明白，父母如何對待孩子，孩子就會如何對待父母，因為孩子最會的就是「以牙還牙」了。

在我尚未領悟到在遊戲中給予控制感時，我常把氣氛搞僵，把遊戲搞砸。同時，我也限制孩子的創意，強迫他得按照我的方式玩。這樣的情況，常常導致我們不歡而散，甚至我會對孩子說出一些看似有理，但實際上傷害他的語言。

在陪伴孩子玩扮演遊戲時，大人很容易較真、愛挑錯。比如說，在玩「醫師與護理師」的扮演遊戲時，孩子會有自己認定的治療方式，但這未必符合大人的認知架構。

就以蒂蒂來說，她總是先開刀，再麻醉（笑）。初時，我嘗試向她解釋，有時有效，但有時會激起她的不滿。當我試圖掌控遊

戲走向時，我內心的怒火會不斷燃燒，生氣地說出：「如果你想跟媽媽玩的話，你就得按照我的方式玩，不然我就不想跟你一起玩了！」當時的我以為這是合理的表達，但後來才發現這也是一種威脅。

有次，我工作回到家，特別想她，渴望與她多互動，於是我主動邀請她一起遊戲。但在遊戲中，我的表現未能符合她的預期，她竟也對我說：「如果你想跟我玩，就得按照我的規定，不然我不要跟你一起玩！」這句話猶如當頭棒喝。我意識到，她會說出這樣的話，那是因為她知道這句話有效，當初她就是這樣聽話的！

當父母在遊戲中追求控制感時，我們可能會陷入與孩子爭奪權力的局面，以威嚇、威脅或說教的方式，來強迫孩子遵從大人的指示。這樣的做法，往往引發一場更加失控的風暴，摧毀原本美好的親子遊戲時光。同時，也有可能讓孩子變得更加渴望追求控制感。

孩子獲取權力的兩種方式

Terry Kottman 博士是遊戲治療的專家，他將阿德勒心理學結合遊戲治療概念和技巧，與美國北愛荷華大學心理諮商系的助理教授 Kristin Meany-Walen 共同書寫了《遊戲中的夥伴：阿德勒取向

的遊戲治療[2]》。他們在書中提及，當孩子以控制為目標，會採取兩種不同的方式，來獲取權力。

1. 積極的方式：如爭辯、吵架、唱反調、公然挑戰，和權威者或同儕爭奪權力。

2. 消極的方式：如不服從、健忘、操弄他人、固執己見、懶惰和不合作。

　　無論是積極或消極的方式，我們都可以發現，這些方式相當不利孩子建立合作關係，甚至對他的人際關係會造成極大的負面影響。

　　作為父母，在教育子女時難免面臨失控的情境，我們也會採取積極或消極的方式應對，和孩子玩起權力遊戲。例如說，有些父母在氣頭上時，會故意與孩子唱反調，孩子說想玩拼圖，但父母卻故意拿積木給他；有些父母經常對孩子說教，不顧孩子是否能理解與執行，一昧堅持用說教的方式，期待有不同的教育效果。

　　我們與伴侶之間也會玩起權力遊戲。有時，我們會採取被動的方式，明知對方期望自己做某事，但卻故意不理會或忘記它。有

2　《遊戲中的夥伴：阿德勒取向的遊戲治療》，Terry Kottman, Kristin Meany-Walen，心理出版，2019。

時，我們會採取積極的方式，當伴侶說了什麼，我們就故意舉出「反例」，來證明對方是錯的。

　　父母相較於孩子，擁有更多的自由與選擇，我們不一定非得在遊戲中獲得控制感。因此，在遊戲時光裡，請父母將控制感讓給孩子，讓他自己自行做主。對年幼的孩子來說，這是培養他們自主能力的方式，而一個人能感受到生活是可以掌控的時候，才不會為了獲得控制感而做出失控的行為，導致生活變得更加混亂。

✈ 少開條件，多開選項，讓孩子自己作主

　　通常我並不太希望在用餐前給孩子吃零食，但有次家裡剛好有軟糖，吸引了蒂蒂的注意，她在用餐前吵著要先吃。起初，我拒絕她兩次，但她非常堅定，堅持要在用餐前享用軟糖。

　　在這個瞬間，我突然想到知名的棉花糖心理學實驗，這實驗提供給孩子兩個選擇，第一個選擇是孩子可以先吃一顆棉花糖，但如果他不先吃的話，十五分鐘後會再獲得一顆棉花糖。

　　我興起了研究的動機，於是我對女兒說：「如果，你想在飯前吃軟糖，那你只能吃一顆，但如果你能忍到飯後再吃軟糖，你就能吃兩顆，你自己決定吧！」平時我有規定孩子，吃軟糖或糖果，一天只能吃兩顆。

你猜猜，她最後選擇何時吃軟糖呢？她決定，飯後再吃。

在這過程中，或許你會考慮是否需要特別向孩子說明或解釋，尤其是孩子選了你不喜歡的選項的時候。

我認為，既然我們把權力交給孩子，那無論孩子最終做出什麼選擇，父母應該要堅守自己的諾言，不能反悔，接受這個決定。最多，父母可以和孩子深入討論他做決定的歷程，從中理解孩子的想法。

每個人都是喜歡有選擇權的，這能滿足我們的控制感需求。但有趣的是，人們並不太喜歡做決定，因為我們會擔心自己的選擇可能是錯誤的，因此當選項過多時，我們反而變得不容易做決定。

在教養上，我提倡「少開條件，多開選項」。有些父母習慣開條件，可能會對孩子說：「你不要在那邊一直吵，不然我就不買玩具給你了。」「如果你不哭，我就給你吃糖果。」甚至有些父母會拿出愛來要脅說：「如果你聽話，我才會愛你。」我認為這樣的話語是一種威脅，控制權多半在父母身上，孩子只能被動的接受，甚至他們可能誤以為父母的愛是有條件的。

而我指的「多開選項」，不僅能讓你保留一定的權力，也能在給孩子選擇時，讓他獲得部分的控制權。以上述「開條件」的例子，如果真的想說，我建議改為「開選項」，例如說：「你想要繼續吵？還是安靜的去挑玩具呢？」「現在，你的嘴巴想要用來吃糖果？還

是繼續哭呢？」這樣的言語對孩子來說，少了威脅，多了權力。

先設定「目標」，再開選項

在給出選項之前，父母需要先思考自己的「目標」是什麼，再找出符合目標的「選項」，而這些選項最好都是我們可以欣然接受的。

以給孩子吃軟糖的兩個選項來說，我的目標是期望她能健康，因此不管她做哪個選擇，我都覺得不錯。如果，她選先吃一顆軟糖，至少她只吃一顆。如果她選飯後再吃，那至少她未在用餐前吃糖果，比較不會影響用餐。無論是哪個，我自己都能夠欣然接受孩子的決定。

如果你想再奸詐一點，甚至還可以給孩子一個「無用的選項」，誘導孩子選擇另一個，我比較常用在選衣服上，擺一件我想讓孩子穿的衣服，再擺一件孩子通常不想穿的衣服。不過，勸你別太常用這招，容易被孩子看破手腳的（笑）。

另外，當父母給孩子練習做決定時，建議選項控制在 2-3 個以內，避免孩子面臨過多的選擇而造成決策疲勞。這就好比在購物時，太多的選擇反而讓人難以做出決定。

在面對年幼的孩子時，請父母盡量把持住自己提出的選項，避免再提出其他的選項，這容易養壞孩子的胃口，他會希望有越來越

多的選項，但這對他來說，反而更難做出決定。

　　從食衣住行這四個層面，我們都可以透過先設定目標，再提供選項。

1. 食：

　　你希望孩子可以多吃一點青菜，於是你可以詢問孩子：「我今天煮了三道菜，有高麗菜、青椒和花椰菜，你想先吃哪一道菜？」

2. 衣：

　　最近天氣比較寒冷，你希望孩子能夠穿保暖一點，因此你可以挑選三件保暖的衣服，並對說：「這裡有三件衣服你想穿哪一件？」

3. 住：

　　距離就寢時間還有十分鐘，但孩子卻想繼續玩，你可以挑選十分鐘內可以結束的遊戲，例如問他：「還有十分鐘就要睡覺了，你是想念一本書，還是唱三首歌呢？」

4. 行：

　　當你想帶孩子去公園時，可以事先挑選好三個公園，也可以準備一些照片，再詢問孩子說：「這裡有三個公園，你想去哪個公園

呢？」

　　在生活中，父母要適時提供給孩子選擇，讓孩子作主，這不僅能幫助他穩定自己的情緒，也有助於孩子練習為自己的選擇負起責任。在長遠的未來裡，他才能做出更適合自己的決定。

✈ 透過遊戲讓孩子獲得控制感、培養自主能力

　　你的孩子目前擁有的權力，是太多，還是太少呢？

　　每個人都需要在獨立與依賴之間取得平衡，才能與人建立高品質的關係，而取得平衡的關鍵就在於擁有適當的控制感。對孩子來說，他們得有機會為自己做選擇，才能發展獨立思考的能力，並滿足自主感。但他們無法決定所有的事情，仍有許多事情需要依賴父母，與父母產生連結，才能擁有足夠的歸屬感。

　　孩子是否會以「追求權力」為目標，很大程度取決於父母是否願意分享權力給他們。若是我們給得太少，那他可能會用盡各種方式，來捍衛自己的權力，以獲取更多的控制權。若是我們給得太多，他可能會以自我為中心，使他想從其他人身上，奪走不屬於他的權力。

　　成長，是一個連續發展的歷程，並非孩子長大之後，自然就會

擁有自主的能力,這些通常都要從小培養。

根據艾瑞克森的社會心理發展階段理論,2 到 4 歲的幼兒是發展「自主性」的階段,他們學會走路,身體的動作越來越精熟,他們在意自己能否成為自己,變得更加獨立自主,如能不能自己獨自去上廁所、能不能自己吃東西、能不能自己穿衣服。

以這階段的孩子來說,遊戲就是他們的重心,除了生活自理能力的練習之外,父母也可以在遊戲中,讓孩子有更多的機會練習做選擇,培養他們自主能力。

父母要具備「安內攘外」的能力

「攘外,必先安內」這句話提醒著我們,要使外在環境穩定,就必須先安撫好內在的狀態。這也適用於教養,父母需要先安定孩子的內在,讓孩子感受到足夠的控制感,才能夠幫助他控制自己的行為,並做出適切的決定。

在孩子年幼時,我們可以透過遊戲,來幫助孩子獲得控制感,並且訓練他的自制力。我們可以分為「安內」與「攘外」兩個部分:

1. 安內:讓孩子在遊戲中抒發情緒

在成長過程中,孩子面臨各種挫折和負面情緒是正常的。若這些情緒沒有適當的抒發管道,可能會在心中累積,時不時跑出來作

怪，影響孩子的情緒穩定度。再加上，孩子的大腦尚在發展中，掌管情緒的能力有限，語言能力也有限，難以像成年人一樣透過敘說來調節情緒。

《遊戲的療癒力量：20 個核心的改變機制[3]》也提到：「幼兒缺少詞彙和抽象思考能力，去口語化地表達他們的內在世界。然而，透過遊戲這個自然表達的媒介，他們可以立即表達自己的想法、感覺和願望。」

年幼的孩子通常難以用言語表達情緒，也難用大腦理解與探索自己的感受。在這種情況下，「遊戲」就會成為孩子表達情緒與抒發情緒的媒介，有助於穩定孩子的內在。

舉例來說，父母可以透過「扮演遊戲」，提供一個安全的環境，幫助孩子透過演繹娃娃、玩偶或其他角色，用第三者的角度來表達與處理自己的感受，尤其是那些令孩子難以碰觸的負面情緒，更可以讓孩子在遊戲中安心地展現與理解自身的情緒。

2. 攘外：讓孩子在遊戲中練習做決定

你可以依據孩子的年紀和所擁有的時間，給孩子一段「專屬遊

3　《遊戲的療癒力量：20 個核心的改變機制》，Charles E. Schaefer, Athena A. Drewes，心理出版，2018。

戲時間」。在這段專屬遊戲時間裡,孩子可以自由決定玩什麼、如何玩、在哪裡玩,以及希望你如何陪他。除非這個遊戲,會帶來真實的傷害,否則盡量別出手干涉孩子的遊戲方式。

勞瑞‧柯恩博士是一名心理學家,專長遊戲治療與親職教養,他認為遊戲式教養的重要原則:「最好的情況就是,大人堅持要與孩子互動,但由孩子決定如何連結[4]。」

因此,父母在陪伴孩子玩遊戲時,請別拘泥於玩具本身的功能或規則,就讓孩子自行發揮創意,在有限的玩具裡,玩出無限的風格。這樣的遊戲不僅能滿足孩子的控制需求,也有助於培養他的創意與想像力。

---

4 《遊戲力:陪孩子玩出學習的熱情與自信》,勞瑞‧柯恩著,遠流出版,2017。

05 — 效能感
克服無助感，玩出挫折力

讓孩子成為躺平族的原因，就是「習得無助感」

我在擔任清華大學諮商中心實習心理師的日子裡，常在周末閒暇之餘與諮商中心的義工團學生，一同享受桌遊的樂趣。我們嘗試過多款桌遊，包括山中小屋、皇輿爭霸、從前從前、妙語說書人……等等。

其中，最令我印象深刻的是妙語說書人。遊戲方式是每個人輪流當說書人，從手牌中挑出一張牌，牌面朝下放置，並對這張牌進行描述。然後，其他玩家再從自己的手牌裡，挑出符合說書人描述的手牌，同樣也是牌面朝下。接著打亂所有人的牌後，再將牌攤開，其他玩家進行投票，猜說書人出的是哪一張牌。若其他玩家都沒猜中或全部猜中，說書人就無法取得分數，其他玩家可以獲得兩分。因此，說書人在描述手牌內容時，不能太容易被人猜中，但也不能太模糊，讓大家都猜錯。

　　一開始，我當說書人時，費盡心思描述我選出的牌，我以為我的聰明才智與說故事的技巧，應該能瞞過不少人。然而，事實證明我過於自信了。作為說書人的我即使絞盡腦汁，挑選的牌還是被大部分的人猜中。後來，我放棄思考，草率地描述手中的牌，盡快結束這回合。這就是心理學上常說的「習得無助感」。

　　當一個人付出了各種努力，卻沒有得到正向的回饋時，往往會感到極大的挫折與無助感，這容易使人產生放棄的念頭。

　　在你的求學過程中，是否曾感到「習得無助」呢？可能是在數學課堂上，也可能是在英文課堂上，你很清楚地知道，無論自己再如何努力，都無法獲得高分。

　　在你的伴侶關係中，是否曾感到「習得無助」呢？你用盡了各種溝通方式，但伴侶始終不願改變，最後你放棄溝通，什麼事情都只靠自己。

　　在你的親子關係中，是否曾感到「習得無助」呢？儘管你嘗試各種方法引導或教導，甚至採取打罵的教育方式，但孩子仍頑固地與你唱反調，最後你放棄管教孩子了。

　　每個人都會有「習得無助」的經驗，使我們變得容易放棄、不願意再嘗試。身為父母的你，一定也不希望孩子在自己的人生裡習得無助感。

　　因此父母要留意的是，我們的教養方式是否會讓孩子產生更大的無助感？一個好的教養方向，是要往培養孩子的「效能感」前進，讓孩子勇於挑戰，但不輕言放棄。我想在孩子的學習路上，良好的自我效能是父母能送給孩子最好的伴手禮了。

毀掉希望的教養習慣

　　當父母習慣採取負向的語言對待孩子，那他會累積許多的挫折與無助感，希望感就會一點一滴地被摧毀掉，直到對人生感到無望。以下是常見的負向教養習慣：

1. 常常否定與羞辱孩子

　　父母的言語和態度，對孩子的自我概念有著深遠的影響。有些父母習慣否定與批評孩子，他們可能對孩子說：「你怎麼什麼都做不好。」「你真是沒用！」「你真笨！連這也學不會。」這些負面語言會打擊孩子的自信心，這是一種難以復原的內傷，可能會成為孩子一輩子的舊疾，每逢挫折便復發。

　　長期下來，當孩子認為自己無法勝任各種任務時，他們會不願再嘗試新事物、害怕失敗和不敢面對挑戰，影響日後的學業及人際關係。因此，孩子需要透過父母肯定的語言，建立正向的自我概念，

作為日後挑戰困難的底氣。

2. 剝奪孩子的練習機會

　　當孩子試圖親自動手時，有些父母可能會對孩子說：「這個你不會啦！我來！」接著，當孩子硬要挑戰卻失敗時，這些父母會再度打擊孩子說：「就跟你說你不會，你還硬要做！」這樣的語言會讓孩子認為嘗試是錯的、也是笨的，並且沒有十足把握，就不能行動。

　　然而，這世界上沒有人能一出手就實現理想、達成目標，凡事都是萬丈高樓平地起。那些經常被剝奪練習機會的孩子，不僅對自己失去信心，也會失去行動力，永遠不敢跨出第一步。

　　因此，父母要有判斷何時放手讓孩子嘗試的勇氣與智慧，孩子才有學習的機會。

3. 總是忽略孩子的努力

　　當孩子表現不如父母預期時，有些父母會將失敗歸咎於孩子的個人因素，責備他能力不足或態度不夠積極，以此鞭策孩子。

　　然而，當孩子表現優於預期時，這些父母會將孩子的成功經驗歸功於外在因素，彷彿是在告訴他，良好表現並非是他的努力與能力，而是運氣使然。舉例來說，當孩子獲得高分，父母可能會問：

「這次考試是不是比較簡單？」

特別是有能力且透過努力而表現出色的孩子，長大後往往容易養成「冒牌者症候群」的心態，認為自己的成功並非來自於自己的努力與能力，他們始終無法踏實地享受成就。

以上三點，如果父母做得越多、越徹底，那孩子習得無助感的範圍就越廣、越深，很有機會加入躺平族。尤其是那些願意努力的孩子，他們越是努力，就越容易習得無助感，正是因為他們用盡了全力，只會更加證明自己的無能。

我們都會希望孩子的人生，都能跑得長，跑得遠。天底下沒有父母會故意將孩子的「引擎」拆下來，讓他們永遠失去前進的動力，但往往我們可能會在不經意的言詞當中，阻擋孩子向前奔馳。

在教養上，父母不用去追求完美的教養方式，時刻保持著正向的態度，對孩子說出完美的正向語言，這實在是太困難了，也太為難父母了。但父母至少可以做到的是，盡量讓正向語言多於負向的語言，就好！

要超前部屬的不是「學習知識」，而是「自我效能」

　　我第一次參加幼兒園的家長座談會時，有位家長舉手發言，希望在校園張貼英文單字。主要的用意是讓英文生活化，從小培養他們使用英文的習慣，避免孩子未來不敢講英文。

　　面對這個建議，導師邀請其他家長分享自己的看法。另一位家長是英文老師，她提到自己雖花重金請家教來幫孩子補習英文，但孩子的學習動機十分低落。後來，她決定花時間陪孩子一同上課。當孩子看見母親如此認真學習，便在耳濡目染之下，也激發了學習英文的動力。因此，這位家長強調家庭環境的重要性。

　　我比較贊同這位家長的說法，身教永遠重於言教。若父母希望孩子能夠用心學習，那父母也得以身作則，讓孩子看到學習的好處與重要性，而非只是耳提面命地告訴孩子：「學習就是你的責任！」

　　在生活中，我一向低調，除非我非發言不可，不然我很少主動分享，因此在座談會的現場我沒有發表任何的言論，但如果要我發言，我肯定是會分享「自我效能」這個概念。

　　班度拉（Bandura）提出社會認知理論（scoial cognitive theory），他認為一個人的學習，是由於個人的「行為」、「認知」和「社會環境」三者間相互影響而成的。

其中,「自我效能」是一個相當關鍵的因素,指的是一個人相信自己能辦到的程度。當孩子越相信自己能夠辦到,那他的自我效能感就越高,這樣的信心夠幫助他勇於挑戰、嘗試、不輕易放棄。但當孩子對自己的能力越是懷疑,那他的自我效能感就越低,這會使他抗拒挑戰、不願嘗試和容易放棄。

養出高自我效能的孩子,讓他贏在每一個起跑點

所有的父母,都不想孩子輸在起跑點,因此從小就讓孩子「偷跑」,如提早學習英文、注音符號,灌輸很多的知識給孩子。然而,科技進步迅速、知識且廣且深,漫長的人生實在是有太多的跑道了。

若每一個跑道,都逼孩子「偷跑」,就只是為了贏在起跑點。那麼,孩子在人生的前半段,就會用盡了力氣,耗盡了熱情,累癱在跑道上。往後的人生還有許多更重要的跑道,那些早已筋疲力盡的孩子,要如何參賽呢?

從教育心理學的角度來說,我認為真正的起跑點,並不是這些基礎知識,而是孩子的「自我效能」。

大部分的人都傾向於選擇自己預測會成功的活動來做,並且避免失敗的情境。高自我效能的孩子,他們能帶著信心與動力,嘗試每一條跑道,並且更加賣力、堅持、強韌地學習,他們能讓自己跑

得更遠、更久。但是那些自我效能很低的孩子，在還沒起跑前，就會先棄賽了。

　　因此，我認為培養高度的自我效能感，才是真正讓孩子贏在每一個起跑點的方法，而不是常給孩子超越本身能力的任務，要求孩子越級打怪，使他在學習路上受盡打擊與折磨，累積了一堆學習創傷，對學習產生巨大的陰影。

孩子的自我效能感，是如何產生的？

　　現在，我相信你已經對自我效能有一定程度的埋解了，我也相信你會跟我一樣，期望能夠培養出高自我效能的孩子，讓他徹底贏在起跑線上。

　　接著，我們來談談如何培養孩子的自我效能，主要有自身的成功經驗、他人的肯定與鼓勵、他人成功經驗、團體的成功經驗。

1.自身的成功經驗

　　孩子在成長的過程當中，透過一系列的發展階段，如翻身、爬行、行走、跳躍、奔跑等，累積了許多身體活動的成功經驗。隨著成功經驗的增加，能賦予孩子足夠的信心，英勇地挑戰公園裡高難度的遊樂設施。

除了身體使用的能力外，孩子也需要其他層面的成功經驗，來幫助自己培養良好的自我效能，尤其是學習的成功經驗。就像是我國中時，對解數學題特別感興趣，每當成功解開難題，就會帶來振奮人心的成就感，鼓舞我在學習上不斷追求難度更高的數學習題，最後我在學測獲得了滿分。

2. 他人的肯定與鼓勵

人是社會性的動物，容易受到社會環境的影響。他人的鼓勵與支持會提高我們的自信心，而他人的否定與懷疑會降低我們的自信心。

你可能也有過這樣的經驗，當你擔心自己無法完成任務時，你的朋友或同事不僅鼓勵你，還比你更相信你自己，後來你因為他們的信任與支持，鼓起勇氣去挑戰困難。反之，你也會因為他們的否定與懷疑，而放棄追求自己的目標。

在這一段緩慢的成長歷程中，孩子們必然會經歷一連串的挫折，產生深深的自卑感。因此，請父母一定要帶著深深地相信來對待孩子，甚至可以比孩子本身還要更加相信他。接著，你的孩子就能透過觀察與模仿，將父母的信任內化成自己內在的真正自信，以鼓起勇氣挑戰充滿不確定性的未來。

3. 他人的成功經驗

他人的成功經驗，也可以成為孩子的借鏡，尤其是與孩子年紀相仿的孩子，特別有激勵的效果，進而提升孩子的自我效能感。

在蒂蒂上幼兒園前，我曾詢問她是否要戒掉尿布，但她告訴我：「媽媽，我沒辦法，我會尿出來。」後來，她去幼兒園的第三個月，突然跟我說：「媽媽，我不要帶尿布去學校了。」

我好奇詢問她原因，她回答：「因為其他的同學都沒有再包尿布了，只剩下我跟另外一位同學了。」我猜是其他同儕的成功經驗帶給她信心。

有時，即使我們相信孩子可以，孩子也可能處在不相信自己的狀態。此時，不妨讓孩子與其他年紀相仿的同儕多相處，從旁吸收他人的成功經驗。

不過，在這裡要提醒父母的是，切勿用「比較」的方式，來否定孩子的能力，對孩子說：「別人都可以，那為什麼你不行呢？」這恐怕會降低孩子的效能感，造成反效果。

4. 團體的成功經驗

自我效能感的培養，不一定只能靠他人或自己的成功經驗累積，有時也能從團體的成功經驗中獲取養分。以我來說，國中時學

校舉辦女子班際籃球賽，而我是候補人員之一。雖然我只有上場一次，貢獻微乎其微，但我們一路過關斬將，獲得了第二名的佳績。這激勵了我，更有動力打籃球！

　　孩子就學期間，他所參加的團體比賽結果，都有可能影響著孩子自身的效能感，因此如果孩子有好的團體成功經驗，父母可以多與孩子討論，加深孩子的記憶。另外，我們在與孩子玩遊戲時，也可以多玩一些合作類型的遊戲，用團體的方式培養孩子較高的自我效能感。

✈ 如何透過遊戲來幫助孩子增加效能感呢？

　　年幼階段的孩子，在尚未具備學習知識的能力之前，遊戲是他們的重心，也是學習的管道，因此父母可以利用遊戲，來提升孩子的自我效能感。

　　父母可以把握以下五大原則：讓孩子獲得成功的經驗、給孩子難易適中的挑戰、提供具體的肯定與足夠的信任、讓孩子接觸挫折的情緒，以及創造合作類型的小遊戲。

1. 讓孩子獲得成功的經驗

　　請父母時刻牢記，孩子一出生就會遭遇各種挫折，因此在陪伴

孩子玩遊戲的過程當中，給予孩子成功經驗尤為重要。父母可在競賽遊戲中多輸給孩子，讓他們有機會贏得勝利。如此一來，你也能聽到孩子的笑聲，見到孩子燦爛的笑容。

如果父母對遊戲感到無聊，想提升自己參與的意願，也可以為自己設定更高的獲勝條件，與孩子來一場「立足點平等」的競賽，這個想法源自於我哥哥的作法。

Nintendo Switch 的《超級難馬》，是一款玩家自行創作關卡的互動遊戲，在想方設法妨礙對方抵達終點的同時，也要為自己建立一條能夠通往終點的道路。由於我與哥哥的實力差距甚大，若我們都採用相同的獲勝標準，我一輩子也無法戰勝他，我肯定會「習得無助」。

然而，哥哥經常主動提高自己獲勝的難度，讓我更有勝算，或許他覺得贏我太無趣(笑)。不過正是因為這樣的調整，我才能看見勝利旗幟就在不遠處，使我更有興致參與這款講究操作技巧與臨場反應的遊戲。

2. 給孩子難易適中的挑戰

在陪伴孩子玩遊戲的過程當中，父母需要細心觀察孩子的能力，包括他們的認知功能與手眼協調的能力。切勿為了提升孩子的能力，而給予他過於困難的遊戲，這如同揠苗助長，追求速成不但

無益學習，還會造成不必要的挫折感。

年幼的孩子難以勝任需要動腦的認知遊戲，因此父母可以和孩子玩「運氣」成分較高的遊戲類型。例如用撲克牌比大小，或是 Nintendo Switch《超級瑪利歐派對》中的〈乘法轉輪〉小遊戲，透過擲骰子來擊垮對方的城堡，擲出的數值就能擊垮相對應的城堡拼圖數量。

3. 提供具體的肯定與足夠的信任

在陪伴孩子玩遊戲時，父母可以給孩子具體的肯定與支持，越具體越好，這對孩子來說相當的重要。切勿露出「這又沒什麼」的敷衍態度，這對成年人來說可能不是什麼大事，但對孩子來說，遊戲是他們的重心，就是頭等大事。因此在遊戲時，請父母多一點同理心，去理解孩子遭遇的挫折感有多大，他獲得勝利的喜悅有多大。

當孩子在公園裡主動嘗試高難度的遊樂設施或其他挑戰時，請父母一定要帶著信任，陪伴在孩子身旁，讓他嘗試。切勿露出「你一定不行」的不耐煩，來否定孩子嘗試的動機。你的相信對孩子來說格外的重要，這是成長過程中相當重要的養分，能滋養孩子長出自己的力量果實。

即便孩子最終無法成功，這也是孩子練習判斷自己能力極限的

好機會，讓孩子從環境中獲得即時的回饋，而非從父母的口中直接說出，才能讓孩子學會如何自己做決定。

4. 讓孩子接觸挫折的情緒

父母在遊戲中成為輸家時，這是一個很好的機會，示範成熟大人面對失敗的姿態。

父母可以誇張地演出失落的情緒，並說：「嗚嗚，竟然會輸掉。」讓孩子知道挫折的情緒並不可怕，失敗也不可恥，甚至失敗也可以變得很有趣。當你越誇張，孩子就會覺得越好笑，失敗就越不可怕。

父母也可以展現出自己不輕易放棄的態度，對孩子說：「再來，我要更努力，我才不會輸給你的！」讓孩子學習面對挫折、越挫越勇的成長心態，學習不輕言放棄的運動家精神。

遊戲總有輸贏，人生也總有成敗，但那都只是一時的，重要的是培養孩子接納挫折與成長心態，鼓勵孩子一次又一次地嘗試。

5. 創造合作類型的小遊戲

如果你的孩子，在生活中不太願意合作或參與家庭活動，那在陪伴孩子遊戲時，可以多進行一些合作遊戲，來培養孩子的合作意願與能力。孩子的自我效能感有部分是來自於家庭生活，那些無法

參與家庭活動的孩子，就會失去培養自我效能的絕佳機會。

父母可以找一些合作類的遊戲，和孩子一起合作過關，用團隊的勝利溫養孩子的自我效感。例如 Nintendo Switch 的《超級瑪利歐派對》中河川生存戰，四人一起協力划船，衝下河川，攜手合作完成任務。

在家庭生活裡，父母也可以將日常生活視為合作遊戲，與孩子一起完成任務，如共同收拾玩具、收曬衣服、整理房間，甚至是一起把桌上的菜吃完。

我常營造出「分工合作」的氛圍，有時加入一點遊戲的味道，讓合作變得有趣起來。蒂蒂也習慣這種合作的模式，有次帶她去大賣場時，她就認真地跟我說：「媽媽，我們來分工合作，你負責花錢，我負責購物。」這分工雖然聽起來不太順耳，但還真有點道理啊！

不過，在這裡要特別提醒父母，在合作遊戲當中，我們要避免對孩子下指導棋，或主動給予批評、叮嚀、建議等，因為這些動作無益於孩子培養自我效能感，還可能讓孩子更加的挫折。

當父母成為豬隊友，孩子才有機會成為神隊友

當父母成為神隊友時，孩子只會想躺平，不想參與家庭事務，因為父母都能一手包辦，根本不需要孩子出馬。然而，每一位孩子

都希望自己是有能力的和有貢獻的，當父母刻意讓自己成為豬隊友，並創造需要被幫助的時刻，孩子才有機會成為神隊友。

年幼的孩子，是比父母還更加全心投入於家庭生活，在投入的過程中，如果有獲得正向的經驗，還能培養他們的自信心與價值感。就如同《克服自卑的勇氣：從阿德勒心理學談教養[1]》提到：「參與家庭是孩童的渴望，孩子從參與中滿足情感的需求，習得勇氣、合作與貢獻的情懷。」

因此，父母可以多邀請孩子參與家庭活動，多邀請孩子幫忙，並創造出各種合作的小遊戲與小任務，讓孩子成為家庭中的神隊友，使孩子感受到自己在家庭中的貢獻與價值，溫養他的自信心。

---

1 《克服自卑的勇氣：從阿德勒心理學談教養》，曾瑞真，張老師文化，2023。

CHAPTER 2

如何與孩子玩遊戲

一張機智的巧口，
巧妙地化解親子衝突

「假裝」遊戲，帶出「真實」感受

蒂蒂在三歲時逐漸理解「真的」與「假的」的區別，因此我們會玩一些「假裝遊戲」，也可以稱為「想像遊戲」。

她會調皮地用小棉被蓋住自己，並且發出鬼叫聲說：「呼～呼～我是鬼！」接著，我會露出恐懼，並說：「好恐怖啊！有鬼！有鬼！」

然後，她以得意的笑聲回應我，並揭開棉被說：「媽媽，是我假裝的啦！」這是她從一本萬聖節繪本中學習到的情節。孩子總是能在扮演遊戲中，加入生活的元素，發揮他們無限的創意與想像力。

有次，我們來到一家高級的義式餐廳用餐，蒂蒂非常興奮。當她看到桌上的服務鈴時，詢問我：「這是什麼？可以按嗎？」我向她解釋服務鈴的功能後，強調不能隨意按下，以免影響到服務生的

工作。

　　接下來,她雙手合十,並帶渴望的眼神對我說:「媽媽,我好想要按按看噢!」經過我兩次拒絕後,她表現出不耐煩的情緒,而我的情緒也受到影響,但我不想因此與孩子產生衝突,破壞享用美食的氣氛。

　　孩子富有好奇心,並對探索世界充滿熱情,我並不想用一場戰爭來澆熄孩子的熱情。正在我思考如何處理當下的困境時,我想起我們經常玩的「假裝遊戲」。

　　於是,我告訴她:「可以哦!不過我們要『假裝』按,不能『真的』按下去。」她非常高興地點頭,滿臉興奮地輕觸服務鈴,並對我露出極為燦爛的笑容。

　　隨後,她邀請我一起輪流「假裝」按服務鈴。當我「假裝」按服務鈴的那刻,我經驗到儘管這只是假裝的,但輕輕觸碰服務鈴的動作卻讓我有種真實的體驗,還多了一份趣味感。我想,這也是孩子體會到的真實感受吧!

　　後來,我們在用餐途中,恰巧需要服務人員的協助,於是我們就把按服務鈴的重責大任,交給她,不過她的臉上就少了「假裝」按服務鈴時的興奮感。

　　當我開啟了「假裝遊戲」這條路徑之後,蒂蒂開始舉一反三。她會拿著直徑約 8 公分的圓形蓋子,對我說:「媽媽,我們假裝這

個是盤子。」然後自己當起廚師,用各種玩具來象徵不同的食物,做了滿盤的豐盛大餐。

透過「假裝遊戲」能幫助父母成功躲過一場親子風暴,並增進親子之間的趣味感。對孩子來說,透過想像能滿足他的好奇心與探索需求,不至於在成長的過程中,澆熄了孩子對世界的熱情。

「假裝遊戲」的威力無窮無盡

請別小看「想像」的力量,其實在大人的世界裡,也常靠著「想像」來滿足自身的需求。

比如大人們常透過追劇,將自己帶入戲中的角色,以滿足自身的需求。有些人特別喜歡看愛情劇,如近年火紅的韓劇《浪漫速成班》,透過男女主角相愛的歷程,來滿足自己愛人與被愛的需求。有些人特別喜歡看復仇爽片,如近年火紅的韓劇《黑暗榮耀》,那是因為主角的復仇之路,讓觀眾過去所受到的委屈,得以宣洩。

除了戲劇之外,閱讀也是如此。在我的人生當中,閱讀救了我好幾次,它幫助我理解自己,也療癒了自己。在求學過程,我刻意對同學隱瞞自己罹患慢性病的事實,並把自己的內心封閉起來。那段期間長達十年,我常感到孤單與寂寞,後來我在罹病經驗的研究文獻上,理解到很多人也都遭遇同樣的困境,原來我不是唯一一個遭遇疾病折磨的孩子,在那瞬間我的痛苦彷彿被療癒了大半部分。

洪蘭在《進步一點點，人生就會不一樣 [1]》書中，提到一個神經學家的實驗，請鋼琴家躺在核磁共振中，請他「想像」與「實際動手」彈貝多芬的奏鳴曲，發現這兩者所活化的神經迴路是同一個地方。

洪蘭以此研究提出自己的看法，她認為閱讀是把別人的經驗內化成自己的知識，最快且最好的方式。因為我們在閱讀他人的經驗時，會活化自己的想像力，就好像自己真的在做一樣。

人生是現實的，也是殘酷的，並非所有的渴望都能滿足。在自己力所不及時，適時透過想像力，來滿足內在需求、調節情緒和增加練習機會，以及體會不同的人生，彷彿多活幾回呢！

透過「扮演遊戲」深化孩子的生活體驗

有次，我與幼兒園導師通電話時，討論了蒂蒂在學校的適應情形。導師對她的表現給予了不錯的評價，導師說：「她適應得很不錯，是個很 nice 的女孩」。

我向老師提及她經常在家中扮演老師的角色，模仿老師的說話風格與內容，並且還讓我扮成學生，聽她講課呢！

---

1 《進步一點點，人生就會不一樣》，洪蘭，天下文化，2022。

　　當時，老師以開玩笑的口吻，回應我說：「天呀，這怎麼好意思呢？那我得注意自己的言行舉止了。」

　　對學齡前的幼兒來說，「扮演遊戲」是一項相當重要的遊戲。孩子展現的角色風格與說話方式，都是來自於現實生活的原始素材，經過改編和拼湊而成的。當他們能在遊戲中發揮自己的想像力，並且透過扮演的方式進行「輸出」，有助於深化他們的生活與學習經驗。

　　樺澤紫苑是日本最擅長經營網路的精神科醫師，他在《最高學以致用法[2]》書中討論最有效的學習方式，他提到輸入與輸出的黃金比例是 3:7，因為透過輸出才能夠在我們的大腦中留下紀錄，才算是真正的吸收與運用。

　　因此，幼兒在學校裡的學習經驗，光是只有吸收是不夠的，很容易就忘記了，必須要有機會展現出來，才能內化成自己的經驗與知識，而「扮演遊戲」就是一個很好的輸出方式。

2　《最高學以致用法：讓學習發揮最大成果的輸出大全》，樺澤紫苑，春天，2020。

扮演遊戲的五大好處

　　當蒂蒂開始涉足與學校相關的扮演遊戲時，我便注意到這一點，並刻意花時間參與她的角色扮演遊戲，因為這對孩子來說，是很有幫助的。

1. 觀察與了解孩子的在校生活

　　當孩子扮演老師時，父母可以透過孩子的視角，理解在孩子心中老師與學生的形象。當父母對孩子的認識越深，對學校生活了解越多，就越能找到適切的方式，陪伴孩子適應學校的生活。

2. 鼓勵孩子專注學校生活

　　當孩子扮演老師能獲得父母的關注時，這能鼓勵孩子更專注於學校的生活，細心觀察學校的大小事，以蒐集扮演遊戲的素材。當孩子的參與動機增強時，更有助他順利地適應校園生活與建立良好的人際關係。

3. 培養孩子的同理能力

　　在人際關係裡，同理心是不可或缺的重要能力。當孩子扮演老師時，能夠幫助孩子換位思考老師的處境，體驗老師的辛苦及用

心，這屬於「認知同理心（Cognitive empathy）」的能力。

　　一般來說，孩子很早就會發展出「情緒同理心 (Emotional empathy)」的能力，單純可以感受到他人的情緒。而「認知同理心」是一個單純、理性思考的過程，它是一種可以學習的演繹推理能力[3]。所以透過扮演遊戲，有助於孩子學習與思考老師的身份處境，進而促進孩子與老師建立起良好的溝通。

4. 提升孩子的思考能力

　　在扮演遊戲中，父母可以出「狀況題」來促進孩子思考，並培養問題解決的能力。例如我會問蒂蒂說：「老師，回家要寫的作業，不會寫怎麼辦？」我見她的眼珠向上跑了半圈，似乎在思考如何解決這個問題。最後她說：「你可以叫家長打電話給我，老師再告訴你怎麼寫。」哇，真是不錯的解決方式呢！

5. 提升孩子的表達能力

　　在扮演遊戲裡，孩子會模仿老師說話，在表達上這是很好的「輸出」練習，有助於孩子熟悉語言的使用，進而提升說話的流暢

3　《孩子的第二天性：父母、教師如何運用神經科學來幫助孩子發展同理心、創造力與自制力》，愛琳・柯拉博，遠流，2019。

性與邏輯性。

「扮演遊戲」不僅可以深化孩子在學校的體驗，也能夠深化其他層面的體驗。如旅遊、親友互動、就醫、飲食、烹飪、運動等經驗。父母可以多鼓勵孩子進行扮演遊戲，這能突破時間與空間的限制，讓孩子發揮想像力，輸出真實經驗，強化語言的吸收與運用。

不管你變成什麼樣子，媽媽都愛你

有次，我們在玩「變身遊戲」時，我故意變成具有攻擊性的角色。一開始，我露出張牙舞爪的樣子說：「我是大野狼，來吃你了！」

蒂蒂立即用委屈的口氣說：「嗚嗚，我是小野狼……抱抱，抱抱。」哎呀，大野狼怎麼會吃了自己的孩子呢？我只好抱住她。

接著，我又搖身一變，對她說：「吼～～我是大老虎！」

蒂蒂又用委屈的口氣說：「嗚嗚，我是小老虎……抱抱，抱抱。」所謂虎毒不食子，我只好再抱住她。

然後，我絞盡腦汁變身，使壞地說：「嘿嘿！我是大壞人！要來抓你了！」

蒂蒂又立即用委屈的口氣說：「嗚嗚，我是小壞人……抱抱，

抱抱。」大壞人怎麼會對自己的孩子做壞事呢？我只好抱住她。

可惡，玩不倒她，我突然靈光一閃，我說：「嘿嘿，我是爸爸！」同樣也張牙舞爪地看著她，看她要如何回答！

沒想到她竟然說：「欸！等一下，爸爸又不會咬人！」這可愛的回應，真是可愛呀！

這是我和蒂蒂常玩的扮演遊戲之一「變身遊戲」。透過這個遊戲，我想向她傳達的是，無論如何改變，唯一不變的就是父母的愛，希望能為她帶來滿滿的安全感與歸屬感，讓她知道我永遠會陪在她的身邊。

也許，你可能會說：「我的孩子才不會這麼說。」或問：「要如何讓孩子這麼玩呢？」我經常在遊戲裡「自曝其短」，讓孩子有機會抓住我的「小辮子」。

一開始，當我變成大野狼時，我除了對孩子說：「我來吃你了！」之外，也會故意說：「我要來吃你了，我什麼都吃，但就是不吃小野狼，因為他是我的孩子。」如此一來，她就能從我的言語當中獲得重要的訊息，得知大野狼不會吃小野狼，幫助她聯想到，自己也可以變身成為小野狼。

再接下來，無論我變成什麼，只要再開頭加上「大」字，她就能舉一反三加上「小」字，一起完成這個「變身遊戲」囉！

用父母的存在打造孩子心中永恆的避風港

老實說，在教養上我也常感到力不從心，部分原因是我難以掌控其他照顧者的教養方式。當孩子不聽話時，一些習慣採取威脅手段的長輩就會對孩子說：「哼！我不愛你了。」或者是露出厭惡的眼神，瞪著孩子說：「我討厭你！你這個壞小孩。」甚至，將正在哭鬧的孩子趕出家門，說是為了讓他冷靜。

有些壞掉的大人在童年時，可能也曾遭受類似的對待，所以當他們在教養上感到挫折與無助時，就會直接採用舊有方法。雖然我可以循循善誘其他家人改變對待孩子的方式，但若我在當下批評與責備他們，恐怕會讓他們感到更加沮喪或憤怒。同時，他們也有自主權，不過也得為自己的行為後果負責，像是孩子可能不想與他們親近。

只是，當大人無法善待孩子時，孩子有時會為了獲得愛而妥協，也可能會透過「以牙還牙」的反擊，來捍衛自己。

有段時間，當我和蒂蒂發生衝突時，她會對我說：「媽媽，我不愛你了」或「我最討厭媽媽了！」我知道孩子之所以會用這些話，是因為她以為這能夠威脅到我，能讓我聽她的話，就像她會聽話一樣。

　　雖然我無法控制他人，也無法完全阻止壞掉的大人接近我的孩子，但我非常願意練習控制好自己，學習如何善待孩子。我在一次又一次的跌倒中，努力重新振作，期望自己能成為孩子心中，一位溫暖且支持她的母親，將我的存在打造成她心中永恆的避風港。

　　因此我有意識將更多的愛，融入孩子喜歡的「變身遊戲」裡，無論她變成小白兔、美人魚或獅子時，我都會立即告訴她：「不管你變成什麼，媽媽都愛你！」。

　　有趣的是，當她發現我的台詞都一樣時，竟然調皮地變成「蟑螂」，伸出雙手，做勢要抓我，她笑說：「我是噁心的大蟑螂！要來咬咬了！」試圖想要引起我的恐慌。

　　不過，看來她已經懂得變身遊戲的精髓了，無論她變身成為什麼，即使是噁心的大蟑螂，我也願意好好抱著她說：「不管你變成什麼，媽媽都愛你！」讓她夠感受到母親滿滿的愛。

　　給予孩子無條件的愛，並非是孩子要什麼，就給他什麼。而是無論孩子變成什麼樣子，不用做什麼特別的努力，孩子都能永遠知道，父母依舊愛著他，因為父母愛的是孩子本人而非孩子的表現。

成為最貼近孩子的說書人

　　人們為何喜歡追劇、看小說、看動漫呢？因為「故事」對人

類的大腦，有著巨大的魔力。這也體現在職場中，人們愛在茶水間或廁所談論公司的八卦，分享各種趣聞。大多數人都熱愛聆聽與分享，不然哪來的長舌婦與長舌公的說法呢！

在教養的過程中，我們可以善用人類愛聽故事的天性，透過說故事的方式來陪伴與引導孩子。還記得，蒂蒂四歲那年的冬天，每次幫她套上第二件衣服時，內搭衣的袖口就會被擠到手臂上。我一開始試圖教導她，讓她學會抓住內搭衣的袖口，以避免被擠上去。然而，她竟然不願學，抗拒聽我把話說完。

也許，你和我當初一樣，心裡想這孩子怎如此難教，甚至愛找麻煩，這明明就是對的事情，為什麼鬧脾氣呢！不過這樣的念頭很快就消失了，因為就連身為大人的我，也很不喜歡那些不請自來的建議。因為「說教」會令人感到難受，更何況是年幼的孩子呢？

不過有時，他們並非不想學、不受教，而是壓根不懂我們的意思。在這種情況下，作為父母要懂得仔細觀察孩子的反應，以判斷孩子是否有足夠的理解能力。

如果你真的很想給建議的話，請你一定要先詢問孩子是否需要你的建議。若孩子拒絕，我還有第二個建議，就是「說個好故事」！

後來，我是怎麼解決孩子的內搭衣袖口總被擠上手臂的呢？

我用譬喻的方式，對孩子說：「你的袖子常被『水』沖走，妳想知道怎樣才不會被水沖走嗎？」她點頭同意讓我教她，於是我告

訴她，可以先用手抓住袖口，這樣就不會被水沖走了。

她按照我的方法操作後，發現袖口不再擠上手臂，感到舒服許多。她開心地對我說：「真的耶！」從那之後，每當要套上第二件衣服時，我只要輕聲提醒她：「別讓袖子被水沖走囉！」她就會自動地將袖口拉住。

這個互動讓我更加確認，透過說故事的方式，可以讓孩子與「建議」保持一段安全距離，減少孩子的抗拒與挫折感。同時，故事也能提升孩子的理解力，成為親子溝通的有效橋梁。

說個好故事，讓孩子鼓起勇氣面對恐懼

有次，蒂蒂得了嚴重的腸病毒，口腔裡的破洞造成她吞嚥困難，不願意吃藥，也不太願意吃東西。那天下午，我與她僵持了一個多小時，進行各種說理、威逼利誘，她仍不願意服藥。後來，當我起身打算放棄時，她卻要我別離開。

當下，我明白了一件事情，當父母越是用力，孩子就會越依賴父母，但當父母不用力時，孩子會感到慌張，並且開始出力。我知道，她是想吃藥的，希望身體早日恢復健康，只是她提不起勇氣吃藥。

於是，我想到了「說故事」的方式，來強化她的內在動機。我告訴她，她體內的小勇士正在為她與病毒戰鬥，但是現在小勇士的

數量太少了，而病毒的數量太多了，所以需要「小粉粉（藥粉）」的幫助，才可以一起打敗病毒。

接著，她問我：「如果病毒被小勇士殺死了，會在我的身體裡面嗎？」而我回應她：「死掉的病毒會變成便便，從屁股裡出來。」

她聽完故事之後，自己拿起小量杯，眼裡仍流露出恐懼，而她的雙手也不斷發抖，但她鼓起勇氣，一口氣將用水攪拌後的藥粉吞進喉嚨。她那害怕但仍然堅強面對恐懼的模樣，令我十分動容。

後來，我將這個故事架構應用在她生活裡的各層面。在用餐時，我告訴她如果吃不同的食物，體內的小勇士就能擁有不同的力量，如「肉肉的力量」、「菜菜的力量」、「蛋蛋的力量」來打敗病毒。

透過故事的方式，能夠幫助孩子理解自己的處境，並提起勇氣面對困難與恐懼。

勞瑞・柯恩博士是一名兒童遊戲治療的專家，他在《遊戲力[4]》書中，描述一位孩子在幼兒園裡曾遭遇不太愉快的經驗，即使換到另一間孩子喜歡的幼兒園後，仍舊無法處理先前在學校不愉快的經驗。

4　《遊戲力：陪孩子玩出學習的熱情與自信》，勞瑞・柯恩，遠流，2007。

後來，他的母親編了一個故事，在一個暴風雨的海上，有隻小老鼠受困於一艘有破洞的船上，接著牠被另一艘堅固的船救起，船上的人給牠很多溫暖與幫助。這故事象徵那位孩子的經歷，使孩子理解自己的情緒與經驗，並幫助他在新學校裡表現得更有熱情，也更有願意嘗試新鮮事物的信心。

勞瑞・柯恩博士認為：「驚嚇的孩子需要從恐懼中復原，方法之一就是述說發生在他們身上的故事，用說的或是用玩的。」

因此，當孩子感到抗拒時，父母可以不再用怒氣逼迫孩子服從。當孩子感到恐懼時，父母可以不再要求孩子要勇敢。當孩子不懂你的意思時，父母也無須一再重覆同樣的話卻期待不同的效果。這些教養難題，都可以透過一個好故事迎刃而解。

孩子玩遊戲時，以「支持」取代「制止」

阿津工作忙了一整天，相當疲憊，想要早點就寢，於是對孩子說：「玩具快點收一收，要睡覺了。」

然而，孩子一聽到不能玩遊戲，立即露出不悅的表情說：「不要！我還想要玩啦！」

接著，阿津責罵孩子說：「你這小孩很不聽話耶，我工作很累了，而且你明天還要上學欸，就不要在那邊賴床！」孩子接收到父

親的怒氣後，露出委屈的表情，哭著跑去找母親。

也許，這曾在你的家庭中上演過，甚至每天都會發生這樣的故事。一開始你都願意好好說話，但最後總是演變成用憤怒命令孩子停止玩樂，去做你認為的「正事」，像是吃飯、洗澡、睡覺，或者是寫作業之類的事。接著，孩子激烈地反抗你，甚至不斷哭鬧，親子衝突一觸即發。

其實，要一個人立即停下手邊的事情是相當困難的，尤其是當孩子玩到一半時，更是難上加難。

我曾和先生一起玩《傳說對決》手機遊戲，每回合大約需要 15 到 20 分的時間，在這段時間我們都不會接聽任何電話。我想，如果你或你的伴侶，也曾著迷於相關類型的遊戲，你就知道這段遊戲時間是「神聖」的，不允許任何人來打擾！

對孩子而言，要求他們立即中斷遊戲是相當困難的，因為他們正全心投入在玩樂當中，而且孩子的大腦還在發展中，自制力往往不如大人的好。在這幾年教養的過程中，我發現在提醒孩子結束遊戲時，以「支持」取代「制止」遊戲的方式，除了能減少親子衝突與自己不滿的情緒外，同時也能讓孩子充分享受於遊戲時間，並練習自己喊停，以訓練孩子的自制力。

孩子，你要把握時間，認真玩！

有天，蒂蒂的就寢時間到了，但她還在玩玩具，先生告訴她：「要睡覺了，快點去收玩具。」

她露出意猶未盡的表情，表示：「爸爸，我還想要玩⋯⋯。」

先生堅決地說：「不行，要睡覺了！」

接著，蒂蒂將目光移到我的身上，我對她說：「離睡覺還有一點時間，你趁這時候認真玩、好好玩！」

她笑著說：「耶～好啊！」後來，大約過了一分鐘，我就對她說：「有沒有好好玩呀？等一下就要睡了哦！」她點頭表示玩得很開心。

最後，再過一分鐘後，我再跟她說：「好囉！差不多要收拾玩具，睡覺囉！」她心滿意足地收拾玩具，準備刷牙、睡覺。

在我們成長的歲月中，常常會聽到父母說：「不要再玩了。」長久下來，成為大人的我們失去玩樂的能力，生活漸漸變得單調乏味了。就算我們想玩，也有時間玩，但內心卻會感到內疚，譴責自己浪費時間。

我們也可能對玩樂感到「匱乏」，出現「報復性玩樂」的行動，即使玩再多都不夠，結果越玩越大，讓自己陷入危險。就像是這世代的大人，對「吃到飽」有著著迷的心態，總是想要吃夠本，但肚子吃撐後的不舒服，也使自己吃盡了苦頭，這是一種較為不健康的滿足心態。

　　在親子教養的路上，我不希望孩子步上我們的後塵，我希望他能夠對生活充滿熱情，對世界充滿好奇，帶著玩樂的心去體驗與探索這個世界。所以，我會換個說法，讓他知道「玩」是可以的，而且還要認真玩。當孩子能夠真實地享受到玩樂後，才會比較心甘情願地結束遊戲。

　　例如說，當孩子洗完澡後，披著浴巾在扮演超人時，我不會大叫：「快點穿衣服啦！不要再玩了！」我反而會特地跑到她面前說：「快點玩一玩，好好玩，因為等一下就得穿衣服囉！」一般的父母可能會擔心孩子著涼，其實當天氣過於寒冷時，孩子自然會冷到發抖，他就會直接穿上衣服，這並不需要大人的提醒，請你要相信孩子擁有判斷冷熱的能力。

　　因此，在提醒孩子結束遊戲時，請父母改變說話習慣，以「支持」取代「制止」。別再要求孩子「不要再玩了！」而是對孩子說：「你還有一點時間，好好玩、認真玩、玩得夠！」

　　若必要的話，父母可以買個沙漏，把限制時間的任務放心交給沙漏，甚至可以請孩子幫忙觀察與報告沙漏的進度，時間到再來告知父母。父母只需要告訴孩子：「在這段時間，你就盡情的玩耍，好好玩、盡量玩，玩你想玩的玩具！」當父母支持孩子玩樂，孩子更能從遊戲當中獲得健康的滿足。

一顆幽默的慧心，
玩出親子間的好氣氛

用戲劇的元素，轉化親子間的衝突

你陪孩子玩到一半，突然感受到迫切的尿意，於是你打算起身去廁所，但孩子卻以肉身擋住你的去路，不願放行。你們開啟一場相互攻防的決鬥，你嘗試突破孩子的防線，但同時又擔心誤傷到孩子。此刻，膀胱傳來強烈的求救訊號，使你陷入兩難的困境。

在這種情況下，負面的想法容易湧上心頭，像是「這孩子怎這樣？太惡劣了！」「難道是故意找麻煩嗎？竟然不讓我去上廁所！」你甚至忍不住在心中吶喊：「這孩子也太沒教養了吧！」完全忘記這是你親自教養的孩子。

最後，你大聲斥責，逼孩子讓道。然而，你突如其來的憤怒，使孩子受到驚嚇，於是他大哭起來。原本美好的遊戲時間，演變成一場親子衝突。

你感到委屈，原本想要給予孩子高品質的陪伴，卻連上廁所

的基本需求都難以無法滿足。但更諷刺的是，你每次需要伴侶幫助時，他都正愜意地在廁所裡滑手機。

　　我與年幼的蒂蒂玩耍時，曾面臨這樣的處境。本來美好的心情，就這樣消失殆盡。在狀態比較差的時候，我會忍不住悲從中來，感到沮喪與同情自己，竟然淪落到這個地步。

　　後來，我找到一個有趣的方法，既能輕鬆地突破她的防線，還能化敵為友，讓我們一起「破涕為笑」。

　　那天，我們玩到一半，我表示要起身上廁所，她一如往常地阻擋我，我明白她只是還在「遊戲模式」中，並非真要阻止我去上廁所。

　　在那一刻，我突然聯想到，她之前在玩遊戲時，也常感到尿急，匆忙趕去廁所，偶爾來不及時還會尿濕褲子。於是，我突發奇想地模仿她尿急的樣子，誇張地對她說：「快快快，我來不及了！快尿出來了！救命！」我故意夾緊雙腿，露出緊張的表情。

　　蒂蒂見到我的反應笑得特別開心，她幫我把挪開地上的玩具，清出一條通往廁所的路，以助我順利抵達。接著，她緊張地問：「媽媽，你有尿溼褲子嗎？」

　　我回答她：「謝謝你的幫忙，我這次沒有尿溼褲子。」

　　她露出燦爛的笑容說：「好險你來得及，這樣你就不用換新的褲子了。」

　　父母往往以為孩子會說話了，就能「講道理」，但說教常不見效果，尤其是似懂非懂的幼兒時期。當父母發現講道理無效或孩子無法理解時，我們就需要改變策略，不能一味地使用相同的方法，卻期待不同的結果。

　　除了「說故事」以外，父母也可以用「演戲」的方式，讓孩子身歷其境，感受到父母的需求。特別是幼兒階段的孩子，他們的認知能力尚未完全發展，但感官特別敏銳，透過戲劇性的表現方式，能幫助他們更好地吸收資訊。

🛪 用荒謬的錯誤，轉化親子間的危機

　　在《讓孩子成為自己人生的專家》書中，我分享了「遊戲心」的重要性，既能提升家庭的歡樂氣氛，也能讓孩子化被動為主動。

　　長期實施下來，我觀察到蒂蒂發展成為一位「笑點很低」的孩子，總是容易大笑並樂在其中。親友見到她，都會說她是樂觀外向的孩子，甚至我哥哥還問我：「她這麼外向，是因為後天教育的影響嗎？」我相信，某一部分是來自於先天氣質，但我也相信另一部分是後天教育。

　　不過，我漸漸體會到愛玩的孩子，在教養上也有其頭痛的地方，有時我只想把正事做好，但孩子卻玩心大起。

　　有段時間，當我要幫蒂蒂擦臉時，她就會露出調皮的表情，並以各種方式遮掩臉部或想盡辦法躲藏，故意不讓我擦，我常為此感到又氣又好笑。

　　後來，我決定要改變做法。我說過，在教養上，父母不能總是用同一種方式，卻期待不同的結果。

　　有次，我以極其誇張的口氣對她說：「咦？你臉上怎麼有一顆大葡萄？」

　　她立即否認說：「哪有！我臉上沒有人葡萄啊！」她放下手邊的玩具，一臉狐疑地看著我。

　　我故意說：「是嗎？那我來擦擦看，看是不是人葡萄。」並趁機擦拭她的臉。擦完後，我看著毛巾說：「真的耶！不是葡萄。」

　　她一臉肯定，並笑著說：「對阿！這是餅乾的削削啦！媽媽，你說錯了。」然後她繼續玩她的玩具，而我也達到我的目的了。

　　我承認，我是有點狡猾的母親，難怪我的先生看我在對待孩子時，常說我很奸詐。這種荒謬的錯誤，其實是為了模糊焦點，引發她的好奇心來轉移注意力，幫助我們「度過」難關。

　　為什麼我使用的是「度過」二字？若是所有的危機都要解決，想獲得滿分的佳績，那恐怕我們會一直卡在最初的關卡。有時對父母而言，只要能「度過」難關，讓自己還能好好活著，走向下一個關卡，就是一種萬幸！

越荒謬，就越有趣

有次，我早上叫蒂蒂起床上學時，她躲在被窩裡不願起床，我故意找不到她，對空氣說：「咦？蒂蒂呢？」接著，我去打開衣櫃的抽屜，或者是桌子的抽屜，還會故意拿起垃圾桶，看看她是否在裡面。

這些荒謬的舉動，都會引來她的偷笑。最後，她會自己掀開棉被說：「媽媽，我在這裡啦！你找不到我嗎？」

接下來，我會回說：「對啊！你到底是躲到哪裡去了，我怎麼都找不到你？」她就會得意地向我解釋，她只是躲在被窩裡而已。

此刻，我就會趁機說：「原來是這樣啊！好啦，那我們來刷牙洗臉吧！」此時，她充滿愉悅的心情，抗拒的心情就減弱了。

在有餘裕的時候，我會故意說錯話、做錯事，引起孩子的指正。我會大方地承認：「哈哈哈，我說錯了。」用一種幽默的態度，看待自己的錯誤，讓孩子知道犯錯並不可怕，有時候還很可愛、很好笑。

其實，這樣的舉動，並不會讓孩子以為父母很蠢，孩子知道父母是故意犯錯的，就像蒂蒂常會對我說：「媽媽，你可以假裝做錯嗎？」當我答應她並假裝做錯時，她同樣也會笑得特別開心。

　　《FUN 的力量[1]》提到樂趣的來源之一，就是要懂得欣賞荒謬。作者凱薩琳・普萊斯認為，因為荒謬的事情是不合邏輯的，有點可笑的，在目標導向的現實生活當中，荒謬會成為我們的庇護所。因此，她說：「當你注意、體驗、創造越多的荒謬，就越有可能獲得真正的樂趣。」

　　當你想要和孩子一同開心，不妨試著做一些荒謬但無傷大雅的事情吧！如果你不知道如何開始，我會推薦你與孩子看《妙妙犬布麗》這部充滿創意的卡通，你會學到父母和孩子玩耍時，可以有多荒謬。或者，你也可以看看《憨豆先生》這部卡通，絕對會突破你的三觀，讓你知道人生究竟可以多荒謬！

✈ 用新鮮的作法，炒熱親子間的氛圍

　　說實在的，育兒的生活有時是極度平凡無趣的，同樣的工作重複進行，同樣的問題反覆出現，彷彿陷入一種無止盡的循環當中。

　　你可能跟我一樣，每天都需要叫孩子起床上學，除了忍受孩子的起床氣，有時還得忍受伴侶的不悅或長輩的唸叨。好不容易，孩

1　《FUN 的力量：釋放「快樂」的強大能量，讓自己輕鬆幸福，成為有趣的人，整個人活了過來》，凱薩琳・普萊斯，遠流，2023。

子進入了校園，但接下來你又得穿越車潮，準時抵達公司，忍受來自同事、老闆和客戶的種種壓力。

當你艱苦地熬到下班，接完孩子回家，你為全家人準備晚餐，在廚房裡忙進忙出。隨後，當全家人都吃完飯時，你只能匆匆吃下剩菜剩飯。再來，你還得整理碗盤、洗曬衣服、寫聯絡簿、幫小孩洗澡，辛苦地完成所有家務之後，也就到了哄孩子睡覺的時間。

你擁有的獨處時間少得可憐，甚至極度稀有。你想晚睡一點，好好享受寧靜的時光，但又害怕影響隔天的精神狀態，因為你心知，在自己不穩定的精神狀態下，容易與孩子產生衝突，讓他更不願出門上學，而你又得承受更大的氣。

這樣日復一日的生活，疲勞一天天地增加，你的心就像是一顆氣球，被家人、孩子和伴侶，充進了很多的「氣」，導致身心越來越緊繃，不知這氣球何時會突然爆炸。或許，你已經忘記了，過去的你是多麼渴望孩子來到這個家庭，為家庭帶來純真的快樂。

在育兒生活中加入不同的調味料

即使生活一成不變，我們都要相信自己，擁有足夠的能力改變育兒生活。第一步，我們只需要加入一點新的元素，讓平凡無奇的生活產生化學反應。

有次，當我聽到蒂蒂上樓的腳步聲時，我立即躺在床上，用棉

被蓋住自己。以她當時的能力，能輕易發現我躲在床上。

　　當她一邊喊著：「媽媽，媽媽。」一邊打開門時，一眼就能看到我躲在棉被裡，於是她興奮地走到床旁，用力掀開棉被說：「媽媽，我找到你了！」當她找到我時，她獲得了成就感，同時也為我們的關係增加　點連結感。

　　只是躲貓貓遊戲玩久了，也是會膩的，於是我會再加入新的元素。有次，我用棉被蓋住了三個枕頭，特意製造出有人躲在棉被裡的假象，而我躲藏在門後。在做這件事情的過程，我自己感受到了一股「偷偷摸摸」的刺激感。

　　接著，蒂蒂進門後，她立即走到床旁掀起棉被，並興奮地說：「媽媽，我找到你了！」但掀開棉被的她，卻發現媽媽並沒有在床上，於是開始四處張望，搜尋我在哪裡。

　　很快地，她發現我躲在門後，立即衝過來，再對我說一次：「哈哈！媽媽，我找到你了！」她找到我的當下，我們就像是重新連線一樣，注意到彼此的存在。

　　玩樂，可以為生活注入新的活力。或許，你會說：「我都已經這麼忙了，哪有時間這樣玩啊！」但我認為父母越是忙碌，就越要騰出時間來玩，哪怕只有幾分鐘、幾秒鐘也好。就像是，我們的體力越差、身體越累時，我們就越要運動，來鍛鍊自己的身體，放鬆

身體的肌肉，紓解心理的壓力，才能讓我們在忙碌時刻，發揮更高效的身心運作。

偶爾，為生活加入一點有趣的新元素吧！不僅可以炒熱家庭的氣氛，還能增進親子的感情，有時也能促進夫妻關係。

有陣子，我和蕃蕃會一起躲起來，讓先生來找，當然以先生的聰明才智，絕對是輕而易舉。但孩子興奮的情緒，總是會渲染到我們的身上，變成天倫之樂。

我和蕃蕃最常趁先生在刷牙時，偷偷躲在房間床上的棉被裡。當她躲在棉被裡時，總是露出格外興奮的表情，並且會不斷掀開棉被，窺探父親進房了沒。

當先生進房後，他會直接掀開我們的棉被，蕃蕃就會興奮大叫說：「被爸爸找到了！」

那種被找到的感覺，背後會隱藏著一種意象，就是被在乎、被在意，並且重新連結在一起。對孩子來說，漫漫長夜是與父母分離最長的時間，若能帶著幸福感入睡，這就是最好的助眠劑了！

用小小的叛逆，享受自由的親子時光

對於每晚包尿布的例行公事，你是否感到厭煩呢？原本只需要一分鐘的時間，但孩子總是躲來躲去，有時手忙腳亂，一旦沒包好

尿布，還可能弄濕床單，逼你不得不撐開眼皮，起床收拾一番。

有段時間，由於我的手受傷，包尿布的工作只好交給先生。然而，當孩子不合作時，先生就變得相當不耐煩，尤其是當他工作過於疲憊時，更容易發火。我很能理解這種感受，因為狀態不佳的時候，我也曾失控過。

同時，我也能夠理解女兒的心情，當父親加班得越晚，她就越渴望留住更多與父親互動的時間，與父母產生更多的連結。

然而，父母不能期待同樣的行為能有不同的效果，因此我試圖改變這樣的循環。後來，我想到了一個「從中作梗」的方法，我與蒂蒂暗中策劃了一系列「尿布之謎」遊戲。

我們先偷偷準備好尿布，有時把它藏在棉被裡，有時把它藏在枕頭下，當先生去床邊拿尿布時，我和她會露出一臉「奸計得逞」的得意表情，並將事先藏好的尿布「亮」出來！

這招一舉兩得，一來能讓蒂蒂享受與父母互動的時光，二來能提升她包尿布的配合度，也減少先生的負擔。

那天晚上，我和蒂蒂先躺在床上，等先生來幫她包尿布，但那時先生剛好有事，必須下樓處理事務。由於，我的手也慢慢恢復健康，我便趁先生下樓時，「偷偷」將尿布包好，並與她商量好，千萬別被爸爸發現我們的小計謀，她覺得這非常有趣，因此配合度極高。

當先生上樓後，看到我們露出詭異的表情，由於先前「尿布之謎」的遊戲經驗，使他馬上翻開棉被與枕頭，尋找尿布的蹤跡，而我與蒂蒂一直在旁竊笑。

當先生找不到尿布時，聰明的他將目光移到了蒂蒂鼓鼓的褲子上，終於發現我們早已將尿布包好。那天晚上，我們帶著笑聲與喜悅，一起入睡了！

在單調的育兒時光裡，來點叛逆的小舉動，讓孩子感受到控制感後，他的配合度自然也會提高，同時還能為家庭生活營造新鮮感，累積值得回味的美好時刻啊！

不過，我們也是要留意，孩子是最厲害的模仿高手，有時會延伸出各種調皮的行為，可能使你發笑，但也可能使你發怒。提醒大家，調皮得適度，叛逆也得適度，目的可不是用來獲得優越感，讓對方感到難堪或不舒服，彼此都要覺得有趣，才行得通哦！

✈ 在遊戲時，父母如何展現幽默？

當父母擁有一顆幽默的心，能機智地緩解當下的緊張氣氛，化解親子衝突，並與孩子建立起合作關係。父母也可以在育兒的苦海中「苦中作樂」，製造出許多有趣的笑點，來滋養彼此的感情。

你是個幽默的人嗎？介紹三種可能的幽默的方式，助你培養幽

默感，發揮個人創意，活出屬於你自己的幽默人生。

1. 戲劇化的反應

在教養上，父母可以加入戲劇的元素，用誇張的反應吸住孩子的眼球。就像當蒂蒂不讓我去上廁所時，我就模仿她急著上廁所的模樣，誇張地拜託她讓我去上廁所，讓她能加倍感受到我的感受。

有時，當孩子表現出不守規矩的行為，而你的憤怒與不耐煩逐漸升起時，趁你還能控制自己的情緒前，先把自己變成一隻噴火龍，向孩子噴出一道火焰。透過演戲的方式，誇張地表達情緒，這能幫助父母調節自身情緒，也讓孩子在保持安全距離的情況下，發洩你的不滿。

當父母採取這種戲劇化的反應時，請記得要從孩子的世界裡，尋找可用的戲劇元素，例如孩子認識的卡通人物、繪本人物和切身的經驗，而不是大人世界裡的戲劇元素。這才能夠吸引孩子的注意力，並促進孩子理解。

2. 新的應對方式

父母隨時可以採用新的或預料之外的應對方式，來面對平凡無奇的育兒生活，創造不同的「笑」果。像是我和孩子玩躲貓貓遊戲時，平時都是躲在床上，但後來製造床上躲人的假象，把自己藏在

門後；以及「尿布之謎」的遊戲，我和孩子串通好，先偷包好尿布，再等先生來包等，這些都是新的或預料之外的做法。

3. 荒謬的錯誤回應

在舞台上的喜劇人員嘲笑自己的弱點時，觀眾會被逗得開懷大笑。因為，當他們犯錯或失誤時，觀眾會感到自我感覺良好。

同樣，當父母在孩子面前耍笨犯錯時，孩子也會出現這種優越感，尤其是當他抓到你的錯誤時，即便他知道你是故意的，但他仍然會覺得好笑。

就像是我在與蒂蒂玩拼圖時，我常故意拼錯後請教她，她就會得意地指出正確的位置與擺法。或者當她故意躲起來時，我會去書桌或床頭櫃的抽屜尋找她的蹤跡，她就會笑出聲來說：「媽媽抽屜那麼小，我怎麼可能躲進去啦！」

幽默是雙方一起笑的智慧

當你採取幽默時，請一定要提醒自己，幽默是彼此都覺得好笑，才叫做幽默，若接受方感到不舒服，那就是一種取笑。

有些人的幽默，一點都不好笑，甚至讓旁人感受到不舒服。就像有次我撞見，一位年長的長輩斥責孫子後，孫子立即放聲大哭，但長輩竟然用誇張的音調，自以為幽默地模仿孫子的哭聲。然而，

長輩每「假哭」一次，孫子就哭得更大聲。我想是那取笑的意味太過濃重，即使再年幼的孩子都能察覺到。

也有些喜歡作弄孩子的大人，會故意問孩子：「你的餅乾可以送給我吃嗎？」當孩子拒絕時，他會開玩笑地說：「哼！你這個小氣鬼，我不跟你好了！」當孩子露出難過的表情，那些人人就能從幼兒身上獲得操控感，在旁笑得樂開懷。

若是我們沒有能力處理好自己的生活，有時會不小心以幽默的方式，藉由冒犯他人來滿足自身的需求，就像那些愛開孩子玩笑的大人，自己笑得很開心，但在孩子眼中一點都不好笑。

劉潤在《底層邏輯[2]》寫到：「幽默，是溢出來的智慧。」他進一步解釋，當一個人只要動用 20% 的 CPU 就能夠講清楚時，他才有餘力「炫耀」他的幽默感。

若是父母想要炫耀自己的幽默感，那請先靠自己的力量滿足內在需求，別過度依賴他人，也別從弱小的人身上奪取滿足感。當你面對人生的智慧多到溢出來時，再賣弄幽默感，你的孩子與伴侶才會跟著你一起開懷大笑。

2　《底層邏輯：看清這個世界的底牌》，劉潤，時報出版，2022。

一對好奇的耳朵，聽懂孩子的遊戲規則

✈ 親子的困境，是父母調整的契機

　　蕊蕊剛上學時，起床就像打仗。一開始，我小心翼翼地叫醒她，並協助她刷牙、穿衣、穿襪和穿鞋。同時，我盡力保持冷靜與耐心，因為我知道，一旦我流露出不耐煩，她也會跟著心浮氣躁。

　　在這過程中，我失誤了好幾次，除了未脫下尿布或未梳綁頭髮，就讓她上學之外，我還曾未關緊她的水壺，導致她的書包、餐袋和聯絡簿等物品都溼掉。哎呀！這都是我手忙腳亂導致的後果啊！

　　在教養的路途上遇到困難是正常的事情，我們不能抱持著一帆風順的幻想。我們要帶著一對好奇的耳朵，傾聽孩子的口語與非口語行為，以及從每次失誤當中進行「滾動式修正」，優化起床流程，與孩子建立更好的合作模式。

　　我不敢說，我的方式是最完美的、最正確的，或絕對適用每一

位孩子。但是我敢說的是，在教養的過程中，也是段親子磨合的歷程，每個人都需要在關係裡，找到自己舒服自在的位置，只要有一方不舒服，就得調整再調整。

有些父母難以容忍孩子犯同樣的錯，於是嚴厲地要求孩子要從失敗當中記取教訓。然而這樣的父母本身可能也無法給出良好的身教，不僅容易犯同樣的錯誤，還不願承認自己的錯誤，甚至將責任推卸給孩子。

古人就已經告訴我們：「失敗為成功之母」，失敗是一條通往成功的必經之路。因此，父母要傾聽失敗的聲音，從中記取教訓。

比如說，我們都知道前一晚可以準備好，隔日孩子上學所需的物品，例如口罩、書包、餐袋、水壺和襪子等。我想許多父母都是這麼做的，我也是如此。

然而，有天早上我拿衣服給女兒穿，她卻不願意穿，我只好再拿另外一件衣服，但她還是不願穿，當下我整個火氣都上來了，和她大吵了一架。不過，從這次經驗我學習到，前一晚事先挑好衣服，就能避免不必要的戰火。

因此，建議父母可以想一想，早上起床時，你們最常因為什麼吵架呢？可否能在前一天事先準備好。你帶孩子出門時，你最常因為什麼生氣呢？可否在出發前，事先與孩子約法三章，幫助孩子增強自制力，避免破壞了出遊的好心情。

✈ 孩子的麻煩，父母不能只聽一半

每個人對同一件事物的詮釋不盡相同，就像「瞎子摸象」，摸到哪，就認定事實是那樣。不過，實際情況往往比我們想像的更加複雜。

我們常以自己的立場去解讀他人行為背後的動機。當我們相信人性本惡時，即使是善意的行為，也會解讀到邪惡的動機。當我們相信人性本善時，即使是惡意的行為，也能解讀到良善的動機。

然而，事實大多未必如我們所想像的單純。因此我在與人相處時，常提醒自己要抱持著好奇心，別輕易斷定他人，避免輕易給他人貼上標籤，特別是在陪伴孩子的時候。

蒔蒔在幼兒園第一次上完體能課後，老師傳來一張她一臉興奮地跨越欄杆的照片，於是我拿給她看，並問：「你喜歡上體能課嗎？」沒想到，她竟然回說：「我不喜歡。」這讓我感到困惑，因為她看起來非常興奮啊！

於是，我好奇問她：「為什麼不喜歡啊？」結果她回我說：「因為老師說只能跨一次，可是我想要跨很多次、很多次。」原來是她的「不滿足」導致的，我差點就誤會孩子了呀！

關於誤會孩子的經驗，你常有嗎？其實，有很多次都是「好奇心」救了我，讓我能更加貼近孩子的真實世界。

約莫在蒂蒂上學的第二周，我開車送她上學時，她對我說：「我不想上學，因為刷牙實在是太麻煩了。」起初，我懷疑她故意找藉口不上學，接著我又想起她過去對刷牙的抗拒。若我繼續想下去，恐怕會開始責備她，甚至教育（教訓）她這樣不對。

我試著停止思考，並提醒自己別太快給孩子貼標籤，孩子的話不能只聽一半，我試著放下預設立場，帶著好奇心去理解她語言背後的脈絡。我好奇地問她：「你說的麻煩是什麼意思？」

她說：「我不喜歡這次新買的牙膏，我覺得很麻煩。」原來這是她所謂的麻煩，於是我替她換回原本的牙膏，就再沒聽過她不想上學了。

當孩子來找麻煩時，父母不能只聽表面的話，就讓自己的立場扭曲了孩子的原意，我們需要多提醒自己，帶著好奇心去理解孩子語言背後的脈絡！通常，孩子都跟我們想的不一樣。

孩子的遊戲，父母不能只玩一半

當蒂蒂上學後，我曾嘗試用遊戲的方式叫她起床。後來，每天早上她都會告訴我，要如何叫她起床，有時她極富創意，搞得我又氣又好笑，真是敗給了她呀！

有次，她對我說：「請拉我兩下，我才會起床。」我按照她的

指示，拉了她的小手兩下，但她仍一動也不動。

　　接著，她用機器人的口吻說：「我－沒－電－了－」於是，我就用手當作充電線，從她的頭一路摸到下腹，趁機吃一下幼兒的嫩豆腐，這是我們經常玩的「充電遊戲」。

　　然而，她還是一動也不動。假若，在這時候我想的是，我都已經照做了，你還要我怎樣的話，那不耐煩的指數就會像血糖一樣，吃下精緻澱粉後瞬間飆高。

　　此刻，我提醒自己，孩子最知道自己希望父母如何幫助他，於是我繼續耐著性子，向她請教：「奇怪，怎麼還是不會動呢？」

　　她果然回答了，她說：「因為你沒有充到腳腳啊，所以沒有力氣起床。」哎呀，竟然是這個原因！

　　在發怒之前，我會提醒自己，避免讓腦海中的預設立場，扭曲了孩子真實的想法。在陪伴孩子玩遊戲時，父母需要把自己全然地交給孩子，讓孩子來教導我們，如何與他玩遊戲。

　　如果，你不知道如何與孩子玩耍時，一定要請教他，該怎麼玩。如果，你不知道你們之間發生了什麼事情讓遊戲無法進行下去，也要向他請教，如何讓遊戲持續下去。孩子，是最知道答案的那個人。

　　在教養上，父母一定要有雙好奇的耳朵，傾聽孩子的想法，才有機會貼近孩子，找到適合孩子的玩法與解方。我們需要虛心地向孩子請教，他的世界入口在哪裡？他的遊戲規則是什麼？我們才能

找到那條進入到孩子世界的道路，和他一起開心玩耍，創造美好的
親子互動。

孩子的失控，是父母學習的機會

　　身為父母的你，曾仔細聆聽孩子說過的話嗎？還是你只是把孩
子的話，當成耳邊風呢？

　　有時候，在教養上的難題，解答就藏在孩子的反應當中。就像
是我前面提到的故事，蒂蒂覺得刷牙麻煩，而不想去學校，我仔細
聆聽她的想法後，才知道原來她不習慣用新的牙膏，因此只要換回
原本的牙膏，就解決了「拒學」的問題呀！

　　有次早晨，我叫醒蒂蒂起床後，我與她一起走到浴室洗漱時，
她突然激烈哭鬧說：「電燈太亮了！」她要求我關燈，但浴室沒有
其他透光的窗戶，一關燈就會變得十分黑暗，根本無法洗漱。

　　其實，孩子的感官是很敏銳的，尤其是高敏兒，他們對於視覺、
聽覺、味覺、觸覺和嗅覺都是很靈敏的，甚至更勝於大人。所以孩
子不一定是「驕縱」，他們很可能只是感到不舒服。

　　後來，面對蒂蒂的失控，我做出了新的調整，就是趁天還沒亮
時，先把窗簾打開，讓她在睡夢中逐漸適應光線，以降低打開日光
燈的刺激。另外，從生理的角度來說，早晨的陽光也有助於提升孩

子的起床速度。

當父母習慣將失敗視為學習時，就不會那麼害怕遇到失敗，也不會害怕與孩子產生衝突。因為每一個失敗，都是孩子為父母所上的一堂親子教養課，都是改變的契機。

教養是一輩子的事，不是短短幾分鐘的事

教養是一場「無限賽局」，它並不像是籃球賽一樣，有固定的對手與隊友，以及固定的時間限制，每一節十分鐘，參賽者只能在時間內取得分數。

在教養上，父母雖然具有教育孩子的責任與權利，但若以「有限賽局」思維來進行教養，就容易侷限在當下的輸贏或尋求速成的教養法。反之，父母需要具備「無限賽局」的思維，因為教養是一輩子的事，不是短短幾分鐘的事，孩子與伴侶都不是敵人。若我們能這麼想，在當下就會多一點耐心，把育兒的眼光放得更遠。

我建議把育兒當成「專案管理」，每兩周就設定一個需要改善的小目標，全力引導與教育孩子進行這部分的調整。其餘待解決的問題，父母先睜一隻眼、閉一隻眼，暫時允許與接納孩子的狀態。因為，若父母凡事都看不順眼，只會造成反效果，使孩子誤以為你討厭他，而父母誤以為孩子不受教。

我曾在《讓孩子成為自己人生的專家》書中提及，成長是一個

緩慢且連續的過程，我們不能要求孩子一步到位，「硬」讓他著陸，這只會使他受更重的傷。這指的不僅是正在成長中的孩子，也包含學習成為父母的我們。

在教養路途中，每當我們踢到絆腳石而感到疼痛時，我們要提醒自己放慢腳步，傾聽自己與孩子的內在需求，並把目標切分為好幾個小任務，慢慢調整、慢慢成長。孩子長大這件事情，絕對急不來；成為足夠好的父母，也急不來。

✈ 在遊戲時，父母要如何傾聽孩子呢？

現代的父母都知道傾聽孩子的心聲很重要，然而當父母打開耳朵時，會發現並沒有那麼容易聽到孩子的聲音，有些孩子不願意說，有些孩子害怕說，有些孩子不知道怎麼說。有時，就算孩子很能說，但若父母無法放下自己的需求與想法，這也很容易造成親子間的誤解與衝突。

在傾聽孩子時，父母要能夠創造「安全的環境」、問出「開放的問題」、辨識「自己的需求」，才能聽懂「孩子的需求」。

1. 創造「安全的環境」

當孩子二到四歲期間，父母可能會慢慢察覺到，孩子竟然開始

說謊了。通常，孩子是因為害怕被父母責備與批評，才用說謊的方式來遮掩自己的行為。其實，這代表孩子的認知能力有所發展，他擁有足夠的想像力，能夠預測未來的情況。

當父母打開耳朵傾聽孩子的聲音時，一定要先建立起安全的環境，以及彼此信賴的親子關係。在生活中，鼓勵要多於責備，肯定要多於批評，這才能讓孩子在犯錯時，有勇氣開口說話。

父母和孩子玩遊戲時，可以多配合孩子的遊戲方式，除非有極大的危險性，否則父母要做的就是，放下自己的控制慾，讓他感到安心自在。

我知道全然配合孩子玩遊戲並不容易，對我來說也很困難，但孩子比我們更需要透過遊戲世界來滿足他的需求，而我們已經長大了，不再是孩子了，我們要懂得在大人的世界裡，滿足自己的需求。

2. 問出「開放的問題」

有些父母很擅長問「封閉式」問句，例如「你是不是……」、「你能不能……」、「你要不要……」、「你會不會……」之類的是非題，孩子只能選擇其中一個回答。

若是父母想尊重孩子的意思，讓孩子做選擇，倒是沒有太大的問題。但有時的情況是，父母心中已有答案時，就會遇到麻煩。例如，當孩子總是拼不好拼圖時，父母在旁質問他：「你到底會不會

拼拼圖啊？」這樣的質疑是一種威脅，會讓孩子感到不安。

甚至，有些父母會質問孩子：「你為什麼就是不遵守遊戲規則，根本就不是這樣玩的！」或者是「我好不容易都已經畫完這個圖案，你為什麼要馬上給我撕破！」

這樣的問法有兩個問題，一來，當孩子感受到父母的怒氣，孩子會進入戒備狀態，將心房封閉起來；二來，年幼的孩子認知功能尚在發展中，實在難以回答出令父母滿意的答案。

若父母想了解孩子的想法，提問時需要避免指責與批判的口氣，並詢問較為開放性的問題。例如，當孩子不遵守玩具本身的遊戲規則時，可以詢問他：「你想怎麼玩這個玩具呢？」透過這個提問，向孩子請教他的玩法。

我們也可以透過詢問孩子下一個動作，來理解他的想法。例如，當孩子把你辛苦完成的塗鴉創作毀掉時，可以詢問他：「你撕破這張紙，接下來是想做什麼呢？」

3. 辨識「自己的需求」

當父母無法在生活中滿足自身的需求時，就容易將自己的需求寄託在孩子身上，期望他能滿足自己。然而，此刻的孩子，就更難有機會從父母身上，滿足他自己的需求了。舉例來說，當你陪孩子在玩積木時，他突然生氣地對你說：「才不是這樣拼！」接著，他

就把你辛苦拼好的積木拆毀了。

也許，你會生氣地說：「你每次都這樣，想拆就拆，我也想要拼自己的積木啊！」這可能是你的控制感在作祟，讓你想去追求自主權。

也許，你會喪氣地說：「算了，不玩了！每次都只能拼一樣的，太無聊了！」這可能是你的無聊感在作祟，使你更加渴望獲得刺激感。

也許，你會挫折地說：「不管怎樣你都不滿意，那你到底是要我怎麼拼啦！」這可能來自於你的自卑感在作祟，渴望獲得他人的認同與肯定。

父母在傾聽孩子之前，需要練習辨識自己的需求。提醒自己在陪孩子玩遊戲時，不是滿足自己需求的時刻，請先放下自己的內在需求，打開耳朵去傾聽孩子的內在需求。

聽懂孩子的內在需求

當父母打開耳朵傾聽孩子時，不要先用腦袋去判斷是非對錯，我們得先從孩子的言行中理解孩子的內在需求是什麼？因為，同樣的行為，可能來自於不同的需求，我們不能太快下定論。

父母需要進一步詢問孩子這麼做的背後原因，例如問：「為什麼要把我的拆掉呢？」請用好奇而非質問的態度。因為同樣的文

字，態度不同，效果也會不同。

　　當孩子說：「因為我想要你跟我做一樣的。」那他可能需要歸屬感。

　　當孩子說：「因為你都只做自己的，我想你看我做！」那他可能需要存在感。

　　當孩子說：「因為我想要你按照我的指示做！」那他可能需要控制感。

　　不過，有些孩子可能會回：「不知道。」此刻，父母可以再請教孩子：「那你希望我怎麼做？」

　　若孩子還是講不出來，父母可以提供數個選項，讓孩子選擇。比方說，你可以詢問：「你是希望我按照你的方式組積木嗎？還是你希望我們一起組同一個積木呢？」

　　帶著友善且好奇的態度，漸進式的提問，慢慢引導孩子說出自己的心裡話。在一聽一問的過程中，去理解孩子世界中的遊戲規則，以及他背後的邏輯與內在需求。

一雙溫柔的眼睛，
凝視孩子的眞實內在

讓孩子看到，你的眼裡有他

有一段時間，每到睡前，蒂蒂的玩具仍散落各處，我會一邊滑著手機，一邊提高音量要求她整理玩具。然而這樣的方式，難免引發她的抗議，雙方捲入一場口舌之爭。

後來，有天因為工作需要，我連續說了七小時的話。當我回家時，喉嚨已無力講話，但隔日還得再講三小時。於是，我告知先生與蒂蒂，我需要開啟「不說話模式」，來保護喉嚨。

可是不說話，要如何溝通呢？先生的部分，就暫時用手機訊息傳達，但才剛四歲的蒂蒂看不懂文字，只好比手畫腳，用手勢與動作來表達。蒂蒂見我開啟「不說話模式」，便轉身找爸爸聊天玩耍，我終於獲得了寶貴的休息時間。

然而，才不到半小時，她就跑來找我，而且也一同開啟「不說話模式」，加入比手畫腳的行列。當時我正用暖暖包熱敷手背上

腫起來的痛處，她見著後即用手指指向暖暖包，表示她也想一起熱敷。

　　在一段時間的互動後，終於來到就寢時間。我指向地上的玩具，再指向她的玩具箱，示意她整理玩具。當她理解後，露出愉悅的表情，點頭表示明白，便轉身去整理玩具。

　　整理完畢後，她突然轉向先生，開心地說：「爸爸，我現在已經成為媽媽的好朋友了！」這讓我感到十分驚喜，她不僅毫無抗拒地整理玩具，我們之間的距離還更親近了。沒想到不說話，反而更能走進孩子的內心。

父母的溫柔凝視，有助於孩子健康地成長

　　《我想好好理解你[1]》是一本從神經科學的角度來討論「同理心」的書。作者海倫・萊斯從研究中發現，母親的凝視對孩子的心智發展至關重要。若從小就缺乏四目交接的經驗，會對孩子帶來嚴重的負面影響，形成「不安全的依附關係」，導致自尊心缺乏、無法信任別人和難以調節情緒等問題。

　　反過來說，母親的凝視對於孩子有極大的幫助，能夠與孩子產

1　《我想好好理解你：發揮神經科學的七個關鍵，你的同理也可以很走心》，海倫・萊斯，時報出版，2020。

生好的連結，並幫助孩子培養自信、建立信任關係，提升調節情緒的能力啊！

我回想自己平時與孩子的互動，我未必都能時刻注視著孩子的眼睛，就像是我有時會一邊滑手機，一邊要求孩子收拾玩具。然而，當我們開啟「不說話模式」後，只能用雙眼捕捉非語言訊息，這種眼神的交流更能讓彼此感受到對方的存在，加深了連結感。

然而，現代的父母可能常常一邊滑手機，一邊向孩子下達命令；又或者，一邊追劇，一邊要求孩子要讀書、寫作業。身為父母的你，到底有多久沒好好看著孩子的雙眼說話呢？

此時此刻，如果你的孩子正在身邊，我會舉雙手贊成你放下書本，用溫柔的雙眼凝視著孩子。讓孩子知道，你正在看他；讓他知道，他的存在對你來說，是多麼重要！

✈ 為什麼孩子不想跟你玩遊戲？

當我開啟「不說話模式」感受到凝視雙眼的意義後，有次我帶孩子外出用餐時，也如法炮製，和孩子玩起「不說話遊戲」，後來我寫成了一篇文章，分享到親子平台上。文章內容如下：

其實，我很少獨自帶女兒外出用餐，大部分都有先生陪伴著。
然而這天，因為先生加班，我也懶得煮，於是興起帶女兒外出

用餐的念頭。

　　由於，女兒曾因發出太大的聲音而被隔壁桌客人投訴，所以這次我戰戰兢兢地帶女兒外出用餐。

　　果不其然，一進餐廳，女兒開始東張西望，尋找樂子，而且講話超大聲，我擔心影響其他客人。於是我開始勸說，但似乎沒有什麼幫助，我只好使出殺手鐧！

　　我對她說：「我們來比賽。」

　　她問我：「要比什麼？」

　　我奸詐地對她說：「比誰可以都不講話，先講話的人就輸了！」

　　女兒開心地說：「好啊！」隨後她緊閉嘴唇。

　　為了增加比賽的樂趣，第一回合我故意說話，讓自己輸了。後來，我們總共比了三回合，這招讓我們安靜了十分鐘啊！

　　然而很快的，女兒就玩膩了，她又開始東張西望要找其他的樂子，並且大聲說話。

　　我靈機一動，對她說：「我們再來比更有趣的比賽。」

　　女兒問說：「是什麼比賽？」

　　我回答：「比賽看誰講的話最小聲。」

　　女兒開心地說：「好啊！」

　　然後，我們開始用「氣音」說話，搭配比手畫腳的輔助，又過了五分鐘。

最後，終於等到那美味的餐點送上桌了，換美食來滿足她的口腔！

在育兒路上，每當孩子抗拒時，我常試圖以「遊戲」的方式，讓事情變得有趣。這種方式不僅讓孩子更容易集中注意力，完成困難的任務，而且有助於親子關係。如此一來，雙方關係不再緊張焦慮，反而變得更加有趣好玩呢！

然而，我收到不少家長的批評與指教，這大概是我在網路平台分享文章中，最被批評的一篇文章了。家長的批評的原因，大約可分為這兩類。

1. 孩子不願意參與遊戲：例如說「我的小孩沒這麼好騙」、「我的小孩會說不要！」
2. 遊戲不見得有效果：例如說「不是每次都這麼有興致」、「這招一次可以，第三次就會沒用了。」

這些家長說得很有道理，這確實是會出現的情況，但我希望進一步討論這種情況形成的可能原因，而非直接採取二元思考，判斷對錯與好壞。

孩子不願意參與遊戲的原因

1.「這個遊戲不是我想玩的。」

　　有時，確實是遊戲本身有不有趣、好不好玩的問題。好玩的遊戲，自然較能吸引孩子的注意力。

　　不過，有些孩子即使簡單的小遊戲，也能玩得哈哈大笑，甚至笑倒在地。但有些孩子，面對再好玩的遊戲，都會感到無趣，往往這類的孩子更傾向於追求高刺激、高回饋的遊戲，例如手機遊戲裡的格鬥遊戲。

　　這兩類的孩子，差別在哪裡呢？我相信，一部分與孩子的先天氣質有關，但我也相信，一部分與父母的身教與教養有關。

　　以身教來說，若是父母對生活充滿好奇，每天都會從小細節中找到樂趣，來自娛娛人，那孩子也會對生活充滿興趣。但若父母對生活不感興趣，常透過高度刺激來讓自己感到愉悅，輕則吃吃美食、追追劇、滑滑手機或買買東西，重則發展為成癮的問題，如網路成癮、性愛成癮、酒癮、菸癮或藥癮等。那孩子也會有所模仿，一定會跟你說：「我才不要玩！」

　　以教養的方式來看，當父母不允許孩子探索自己感興趣的事物，那孩子的好奇心就漸漸地停止跳動。或是，當父母經常用手機來餵養孩子，養大了孩子的胃口，那他對生活的敏感度就會大幅降低，很難從小遊戲裡取得快樂。

當孩子對遊戲不感興趣時，請父母仔細檢視自己的身教與教養方式，是在培養孩子的好奇心，還是正在扼殺他的好奇心呢？

2.「你不是我想一起玩的對象。」

兩個人要一起玩，必須要有雙方願意才行，就像伴侶交往一樣，雙方都答應，才能算交往。如果孩子不願意與你連結，即使再好玩的遊戲，他也提不起勁。如果孩子很想與你連結，那再無聊的遊戲，也因為你的出現變得很有趣！

就像我常跟我先生說的：「我想出去玩，並不是為了要去哪裡玩，而是想跟重要的人，一起創造美好的回憶。」

所以，當孩子不願意跟父母玩時，這可以作為一種提醒，請父母檢視最近的親子關係如何，是否變得比較疏離了？還是，孩子不喜歡你與他連結的方式？

遊戲教養並非一勞永逸，而是讓孩子快樂成長

有些家長會認為用遊戲來教養孩子，無法解決根本的問題，或者只有這次有效，下次沒用的情況發生。我很認同他們說的，這確實很有可能發生。

不過，我想邀請父母更進一步思考，這些話背後的涵義。有些家長期待專家提供的方法能一勞永逸，而且還得快速、有效和輕

鬆。只是，試問這樣的方法真的存在嗎？我想在教養上，這絕對是
不存在的。

　　有些事情確實可以追求速度與成效，從而節省時間、心力和體
力，就像是網路發達，當人們遇到生活問題時，只要上網就能得到
解答；也像是近年外送平台盛行，當人們感到肚子餓時，不用出門
也能吃到熱騰騰的美食。

　　然而在育兒這件事上，從來都不是在追求速度、成效與輕鬆。
針對孩子的教養，最簡單粗暴的方法，就是孩子不乖（不如你意），
就打他、罵他，或許能立即解決當下的問題，但長遠來看，就是埋
下一顆又一顆炸彈，終有一天會把親子關係炸得滿目瘡痍。

　　用遊戲的方式來陪伴孩子，並非是用來解決教養上的問題，也
不是讓孩子聽話的乖乖針。而是讓快樂伴隨著孩子的成長，也培養
他樂觀面對苦難的能力。因為我深深相信，懂得玩樂，是人生旅途
當中，不可或缺的水分。

　　如果，一個人缺乏玩家心態，那無論他做什麼，都難以感到開
心，只是一個空有軀殼的存在，而且還是個乾癟癟的軀體，缺乏快
樂的靈魂。所以，我提倡用遊戲來滋養孩子，讓孩子的人生如同膨
皮的臉頰，持續飽滿豐盈的成長。

體驗多元的眼光，培養孩子多元思維能力

　　我曾在一台車上坐如針氈，極度不自在。那時我們的車行駛在內車道，碰巧遇到重機車隊，約有十幾台與我們開往同一方向。我並非熱愛重機之人，甚至我還不太喜歡騎機車。但是，難得遇上一支重機車隊，當然要好好欣賞一番！

　　我正思索著，他們追求重機的原因時，一位體型嬌小的女生騎著重機，行駛到我們的車旁。車內的一位婦人突然批評說：「女生騎什麼重機，身材這麼嬌小，腳根本踩不到地！」接著又說：「真是浪費錢，重機這麼貴，又無法遮風擋雨，還不如買轎車。」

　　不久後，車內的駕駛又補充道：「真是膚淺，騎車的人就以為自己比較帥嗎？我看就沒有一個帥的。」

　　這些負面評價彷彿汙染了車內的空氣，讓我感到有種窒息感。我心中暗批：「關他們什麼事？這麼愛評價他人的行為，思考也太狹隘了吧！」然而，我原本輕鬆愉快的心情，瞬間轉變成跟他們一樣感到不耐煩、不屑。

　　事後，我冷靜思考，為什麼他們會有這樣觀點？這樣的觀點如何影響他們的心情？而我又為何會被他們影響情緒呢？經過一番思考，我找到了答案。

　　我發現，他們只是根據自己的經驗和觀點，對事物進行非黑即

白的評價。對那位婦人來說，金錢應該花在有實際價值的物品上，因此購買無法遮風擋雨的重機絕對是錯的。然而，若對那些人來說，買的是一種體驗，感受迎著風的快感，又有何不可呢？

至於那位駕駛，他可能認為騎重機的人，只是為了讓自己看起來帥氣。雖然有這樣的可能性，但除此之外，也可能有其他的追求，為何偏偏只給出單一的解釋呢？

然而，當車內的婦人與駕駛給出否定的評價後，我無法否認的是，連我自己也對他們給出了否定的評價。這讓我意識到，當人們帶著二元思考看待事物時，就容易給出批評與否定，將一切分為好壞、對錯，尤其是那些與自己立場相反的觀點，就是錯的觀點、壞的觀點。這不僅會使人失去好心情，也會影響周遭人的玩心，讓生活變得緊繃起來。

相反地，當我們願意放下自己的預設立場，放下自己的價值觀，用開放的態度，去看待他人的生活與選擇時，就像是打開了一扇窗，讓新鮮的空氣流入，如沐春風。這樣的態度能讓我們用有限的時間，體驗到無限的人生樣態。

突破問題的盲點，需要多元性的思考

你可能會問：「難道你要我認同他，還買一台重機，來體驗多元生活嗎？」不是的，我不是這個意思，培養多元思維，並非是要

我們像對方一樣，做同樣的事情。這只是一種思考的歷程，最後你仍然可以決定，是否要跟對方一樣。

東海大學博雅書院思維探索導師許恆嘉在《放手，不放養 [2]》一書中提倡多元思維，他說：「二元是起點與終點，多元是過程。」他認為，在與孩子討論的過程中，二元論的存在是為了事物，最終必須有個結論，但他特別提醒父母要避免用二元論當成討論的前提，否則會變成零和牌局，進而演變成雙方情緒、言語或行為的暴力。

玩，有主動與被動的差別。那些讓人感到有趣的玩，是一種主動積極的參與，就像我們特別找時間從事自己感到興趣的活動。而那些讓人感到無趣的玩，是一種被迫參與、不得不的選擇，就像我們被動式的滑著手機接收資訊，卻感到空虛一樣。

當我們用他人的視角來思考時，就像是主動去到別人的世界遊歷，我們會獲得許多有趣的寶貴經驗。當我們總是用自己的視角，去思考他人的行為時，就像是自己的世界被外星人入侵，生活被攪得天翻地覆，不只無趣還很痛苦！

2　《放手，不放養：離家出走、不想上學也可以？用準大人的視角一起生活，讀懂他們不說、不問、不談的心裡話》，許恆嘉，今周刊，2023。

　　在教養的這條路上，如果父母希望孩子的人生有更多的選擇，那我想培養孩子多元思考能力是相當重要的。因為我們所遭遇的問題，往往不是「想太多」，而是想得「不夠多」，才讓自己陷入單一的線性思考，難以突破問題的盲點。

　　請父母先開放自己，放下既有的觀點，陪伴孩子一起從多元的角度，探索生活中經驗吧！

孩子在你眼中的樣子，將是他未來的樣子

　　台劇《有生之年》描述高家五口的生活故事，劇中陳麗英與高正隆以早餐店起家維生，育有三子。

　　有天，陳麗英發現自己的皮包少了兩千塊，於是她叫來三個正處於青少年時期的兒子，質問是誰偷了這筆錢。

　　老么高嘉凱率先回答不知道，而老二高嘉揚則是保持沉默。隨後，陳麗英的目光轉向了老大高嘉岳，當高嘉岳聲稱自己並不知情時，陳麗英毫不猶豫地打了他的頭，並指責說：「應該是你，就是你。」她又出手打了高嘉岳的頭。

　　高嘉岳感到委屈，但他憤怒地詢問：「為什麼是我啊？」

　　陳麗英回想三個兒子多年來的表現。老么是高嘉凱，在她眼中是個聽話的孩子。老二高嘉揚雖是養子，但在她的眼中是個成績優

異的孩子。然而，老大高嘉岳在她眼中就是個叛逆且自我中心的孩子，於是她向高嘉岳說：「只有你會做這種事情，你說，你坦白說，我的兩千塊是不是你拿的！」

高嘉岳再度否認偷錢的指控，但陳麗英威脅說：「你給我老實講，不然我叫警察，把你送到警察局！」語畢後，她再次打了高嘉岳的頭，一旁的老二與老么試圖阻止母親，但她仍堅信高嘉岳就是小偷。

後來，高嘉岳見母親如此堅持，他放棄辯白，並帶著不耐煩的口吻說：「好好好，是我拿的，好，是我拿的。」接著，他道出母親的心聲：「高嘉凱這麼乖，不會偷啦！高嘉揚是資優生嘛，跟爸爸那麼好，他也不會偷啦。」

此刻，陳麗英聽見高嘉岳理直氣壯地承認偷錢，感到更加憤怒，她一邊打高嘉岳，一邊說：「你承認了，還這麼大聲，你是老大耶，這樣做給弟弟們看嗎？你現在當小偷，以後就會當強盜！」

最後，高嘉岳的眼中湧上委屈的淚水，抱持著一絲希望，探問母親：「我說不是我拿的，你會相信嗎？」

然而，陳麗英仍不願相信，甚至還說：「這種小孩『撿角』了。」使高嘉岳對母親失望至極。

也許，在這個世界上，有許多像高嘉岳的青少年常被父母親誤

會。在你的現實生活中，是否曾遇見高嘉岳？還是，你就是那現實版的高嘉岳呢！

這樣的情況，也曾在我的家庭出現過。當長輩找不到某些物品時，他很自然而然地認定是孩子拿去玩了，即使孩子否認，但他仍堅信就是孩子所為。好在，有好幾次的結果，都能證明並非孩子所為，而是長輩自己把東西放到了別處。

孩子不會成為父母期待的樣子，只會成為父母眼中的樣子

在社會心理學上，有一個概念是「自證預言（Self-fulfilling prophecy）」。指的是，我們會預測或期待某件事情發生，當我們堅信這個預測時，這樣的信念會影響著我們的行為，讓預測成為現實。

在台劇《有生之年》陳麗英心中的三個孩子，高嘉岳是較為叛逆的孩子，因此當錢包裡的錢不見時，她下意識認定是高嘉岳所為。於是她採取強硬的態度，打罵高嘉岳，直到屈打成招為止。

高嘉岳從否認到改口認罪的過程當中，陳麗英無視高嘉岳的否認，毫不猶豫地相信就是高嘉岳偷錢。因為這對她來說，完全符合她內心的信念，人通常傾向尋找支持自己觀點的證據。

很多時候，自證預言的效應會影響我們對事實的判斷，使我們專注在尋找支持自己觀點的證據，以證明自己的信念是千真萬確

的，但卻忽略了與自己觀點相反的重要證據。

在心理學上有另一個概念叫「比馬龍效應（Pygmalion Effect）」，這個概念與自證預言相似。

最初這個概念是源自於，教師對學生的期望如何影響學生表現的一項研究。當老師對某位學生有著較高的期望時，自然會對他釋出信任的訊號，當學生接受到信任的訊號時，也傾向於相信自己能夠表現出色，最後學生真的展現了較高的表現。

在教養上，也會出現這樣的效果。孩子通常不會成為父母期待的樣子，只會成為父母眼中的樣子。

當父母信任孩子時，孩子接受到父母的善意與好感，自然而然會發展出健康的人格與良好的行為。但當父母對孩子抱有負面的想法，孩子接收到的是懷疑與批評時，使孩子對自己或他人產生負面的想法，容易發展出比較不健康的人格及負面行為。

所以，你眼中的孩子是什麼樣的呢？如果你的觀點較為積極正向，或許能對孩子產生正面積極的影響。但若你的觀點較為負向，恐怕得謹慎處理，因為這可能在不知不覺中，導致孩子發展出負面的自我概念。

✈ 用不帶偏見的雙眼，看見孩子的真實面貌

在親密關係裡，當對方把我們看得太好時，我們會感到壓力，害怕自己不如對方所想的那樣好。但是當對方把我們看得太差時，我們又會感到委屈，認為自己並沒有對方所想的那樣差勁。

其實，每個人都希望對方能夠接納自己真實的樣子，這會使自己感到安心自在。孩子也是如此，希望父母能夠真心接納自己原本的樣子。

在教養上，父母要避免自己的立場與觀點，扭曲了孩子真實的樣子。以下我提供三個原則，來幫助父母看見孩子的初始面貌。

1. 認識自己的預設立場

首先，我們需要清楚地意識到自己的立場，因為唯有在我們認知到自己的立場後，才能夠把它放在一旁，帶著好奇的心態去理解孩子。就像我聽到孩子說刷牙麻煩而抗拒去上學時，我必須先意識到自己的觀點，是以為孩子找藉口不願上學，我才能夠將這想法先放下，再小心求證孩子的真實想法。

父母在與孩子玩遊戲時，需要覺察自身的遊戲規則是什麼？自己對遊戲的期待是什麼？才能避免自己受到自身遊戲規則的干擾，而不自覺地扭曲孩子的玩法與動機。

2. 培養多元思考的能力

父母需要培養多元思考的能力，若是父母眼中只有對錯與好壞，缺乏多元觀點的理解與尊重，可能會影響到孩子的人際關係，使他難以適應不同的文化與社交環境，並限縮了他的人生發展。

孩子大約從 3 歲開始，喜歡問「為什麼」，這代表他的大腦又更進一步的發展了。當孩子在問「為什麼」時，父母要盡量避免單一思考，直接告訴孩子自己心中的唯一解答，而是多說幾個可能的答案。父母也可以和孩子討論彼此的觀點，培養孩子多元思考的能力，也能夠增進孩子的想像力與思維彈性。

父母在陪伴孩子遊戲時，父母可以多加練習換位思考的能力，從孩子的視角出發，進入孩子的遊戲世界，體驗孩子的遊戲規則。另外，父母在陪伴孩子玩遊戲時，也可以激發自己的想像力，讓玩具有更多不同的玩法。

3. 承認自己一無所知

大部分的父母都會有預期孩子應該長成的樣子，就像我們會預期自己的人生應該如何發展。每個人都會有自己對未來的期許，只是人生往往無法盡如人意。所以，辛棄疾的詞才會說：「人生不如意事，十常八九」。

　　《我可能錯了 [3]》這本瑞典暢銷的心靈書，作者納提科在森林寺院中，過著不經手金錢的生活，他帶著對世界的全然信任，修行了 17 年，這樣的經驗使他體會到：「理解自己其實一無所知，就是一種智慧。」

　　人往往是被自己的「已知」絆住手腳，而一個真正有智慧的人，不會認為自己是全知的神，而是更謹慎地提醒自己，要抱持著無知的態度來認識這個世界。

　　我想，我們不僅需要在自己的人生中，承認自己是一無所知的。在教養的過程中，我們也需要承認，其實對孩子是一無所知的。我們不知道孩子想如何玩遊戲，不知道孩子想如何過活，不知道孩子的未來長得如何。當父母願意接納自己的無知，才能全然地陪伴孩子成長與探索屬於他的人生。

　　我想，透過認識自己的預設立場、培養多元思考的能力和承認自己一無所知，能夠幫助父母打開自己的眼界，用「超廣角鏡頭」，拍攝出孩子最真實面貌與生活。同時，父母也能成為一面最清晰的鏡子，讓孩子從你的眼中，看見自己真實的存在。

3　　《我可能錯了：森林智者的最後一堂人生課》，比約恩・納提科・林德布勞、卡洛琳・班克勒和納維德・莫迪里，先覺，2023。

一個可靠的身體，
玩出堅定的信任關係

用身體淬鍊孩子的身心力量

我常將床上的棉被與枕頭挪到一旁，和蕎蕎玩起「撲倒遊戲」，我們會輪流推倒對方，有時是我推倒她，有時是她推倒我，至於誰要推倒誰，我會把決定權交給她。

蕎蕎有個心愛的玩偶阿寶，她說這能帶給她強大的力量，一口氣將我推倒。於是，當她要使用這股力量時，就會對我大喊：「阿寶力量！」而我就得被她推倒在床。

有次，我趁她不注意偷走阿寶，她發現後嚴肅地對我說：「媽媽，因為你是大人，所以不可以使用阿寶力量。」可見她清楚知道自己的力氣比不過大人，必須找到特殊的方式，來幫助自己打敗大人。

我推薦父母可以多與孩子玩「撲倒遊戲」，因為這遊戲有三大好處。

1. 用身體接觸呼喚心理連結

　　沒有什麼比身體接觸更加「具體」的連結了。我們與心愛的人進行身體接觸時，不僅能產生滿足的愉悅感，還能降低身心痛苦的程度。不過，有些孩子不太喜歡與父母擁抱或撫摸，尤其是男孩子，在社會文化的影響下，他們可能會認為與父母擁抱很丟臉。但是「撲倒遊戲」能點燃他們的鬥志，提升身體接觸的意願，在遊戲當中感受到彼此「真實」的存在。

2. 訓練孩子的小肌肉與大動作

　　在玩撲倒遊戲時，父母要依據孩子的力氣，展現出「遇強則強，遇弱則弱」力量，這是最適合訓練孩子肌力、身體協調的方式。在我們的文化下，女孩較少被鼓勵玩運動類型的遊戲，而「撲倒遊戲」特別有助於她們鍛鍊身體。

3. 培養孩子的內在自信與勇氣

　　我們先前談過「自我效能」，對孩子來說相當重要，其中也包含孩子對身體的信心。在成長的過程當中，有些孩子在學習翻身、爬、跑和跳等，可能經歷被照顧者嫌棄，或比其他孩子表現還落後，這些都可能使孩子產生挫敗感，對自己使用身體的能力失去信心。

尤其是針對不喜歡運動、身體協調能力不佳的孩子，這類遊戲特別有幫助。在遊戲當中，父母可以為孩子量身打造適合孩子挑戰的難度，不僅能訓練孩子的身體肌肉，也能夠增強他們的自信心與挑戰困難的勇氣。

與孩子玩「撲倒遊戲」的三大原則

父母在與孩子玩「撲倒遊戲」時，如何發揮上述的三大好處呢？我建議父母可以遵守以下三個原則。

1. 展現勢均力敵的力量，記得多輸給孩子

假設，孩子的力量只有三分，那父母就使用三分的力量，當孩子的力量提升到五分時，那父母就使用五分的力量，來與孩子對抗。父母千萬別在這時候，用盡你的全力，取得壓倒性勝利，除非孩子力氣已經大到你得使盡全力。

父母與年幼的孩子玩撲倒遊戲時，只要把握這個簡單原則，就能與孩子玩得非常開心，他會露出無比燦爛的笑容，讓你知道他有多開心。

2. 加入戲劇的元素，讓遊戲變得更有趣

在遊戲的過程當中，你可以用「演」的。當你誇張地表現出你

使盡全力的樣子時，會逗得孩子哈哈大笑，讓他對自己的力氣感到自信與成就，即便他知道你是演的，這是假的。當你誇張地表現出失敗的挫折，這樣的方式能夠幫助他接觸挫折的情緒，他可能會安慰你，並說下次讓你贏，或者依舊哈哈大笑，展現出勝利的姿態。

3. 讓孩子做身體的主人，隨時都可以拒絕

請父母一定要記得：「兩個人都想玩，才算是玩。」就像交往一樣，需要雙方的同意才算數，但分手只需要一個人的決定。所以在遊戲時，父母要隨時留意孩子的意願，不能強迫身體接觸，也不能強迫孩子參與遊戲。

用孩子喜歡的方式，來接觸他的身體

在 2023 年，台灣的 metoo 風波持續延燒，有許多知名人士涉及妨礙性自主的事件當中，其中包含演藝圈、政治界、教育圈等，在那段期間不知你是否也擔心你的孩子受到侵害與騷擾呢？

在這樣的時代背景下，我們要如何教導自己的孩子避免成為受害者呢？甚至是你一定沒想過的，如何避免孩子成為侵犯他人的加害者！

我認為，從小教導孩子「身體自主權」的觀念相當重要。最暖心的教授媽媽郭葉珍老師，是國立台北教育大學幼兒與家庭學系副

教授，她在《做孩子需要的媽媽，就好 [1]》書中提到：「要孩子尊重他人的身體自主權，就要成人也尊重孩子的身體自主權。好比他不要你碰他身體，那就不要硬碰。」

請別看孩子還小，就強硬抱他，強迫孩子進行不喜歡的身體接觸。這容易讓孩子以為「只要我喜歡，強迫別人也可以」，因為他就是如此被強迫的。在遙遠的未來，他就很有可能仗著自己的能力，去侵犯他人。

當孩子有機會受到大人的尊重，並體驗到自己的身體是值得被善待的。如此一來，他才能體會到保護自己與尊重他人身體的重要性。

所以，父母在與孩子玩「撲倒遊戲」或進行其他身體接觸的遊戲時，我們得相當尊重孩子的身體自主權。當孩子喊停時，我們一定要停下動作，切勿強迫他接受身體接觸。尤其是在玩搔癢遊戲時，若孩子要你住手，請你一定要住手，千萬別因為好玩而持續搔癢。因為，他的笑不一定是發自內心的大笑，很可能只是單純的生理反應。

1　《做孩子需要的媽媽，就好：教授媽媽郭葉珍〔聽、愛、馭〕三步驟，化解衝突，讓孩子願意聽你說》，郭葉珍，三采，2022。

　　請父母記得，當我們與孩子有身體接觸時，一定要用孩子喜歡的方式來接觸他的身體，一定要尊重孩子的意願與感受。就像彼此深愛的伴侶在做愛時，都會在意對方的感受，並嘗試以對方喜歡的方式進行身體接觸，而非一味地滿足自己的生理需求。

 ## 用身體搭建孩子所需的鷹架

　　「啊！這你不行啦！」

　　「我就說你不行，你看吧！果然不行！」

　　「吼！很沒用捏！連這也不敢。」

　　「啊呀！別人都可以，你不行，好遜喔！」

　　當孩子挑戰困難時，你會說些什麼話呢？那些話是在幫助他建立信心，還是摧毀他的信心呢？我相信你一定能夠看出來，上述四句都是在拆孩子的台，打擊他的自信心。但往往父母在說出口的當下，很難覺察到這些話的威力。

　　作為父母，雖說身教重於言教，但言教仍具有一定的威力。因此父母要多用「肯定句」，少用「否定句」，避免無心之語，傷了孩子的自尊心。只是，光是鼓勵與肯定的力道還是不夠的。在孩子遭遇困難時，我的作法是搭一座鷹架給他，而我們的身體就是最好的鷹架。

63

在說明何謂「鷹架」之前，我先分享一個故事。

有天，我和先生帶茱茱去到一個陌生的公園，裡頭有一層樓高的溜滑梯，需要踩著簍空的階梯上去，她很想挑戰，但同時也感到害怕。

一開始，她爬了兩階就不敢再上去，轉而跑到其他地方玩。當下，我並未有任何反應，只是接納她的選擇。

接著，女兒再度挑戰簍空的階梯，雖然僅爬兩階就退縮了，但我仍保持冷靜，未有任何的回應，只是接納她的選擇。因為，我相信每個孩子都有自己面對生命挑戰的步調，以及他們專屬的出路。

隨著時間的推移，她嘗試了很多次，逐漸越爬越高。雖然，她的眼中流露出更多的害怕，但她仍然勇敢嘗試、不放棄。我心中充滿感動，因為對我而言，這是真正的勇敢——害怕但仍提起勇氣嘗試。

後來，先生在她的身後，陪著她一起往上爬，但並沒有出力攙扶她，只是手把手的教她，如何一步一步往上爬。而我則走到簍空階梯的下方，一邊唱著自創的勇敢之歌，一邊堅定地注視她，深信她能成功。

最後，她終於「登頂」了，露出了無比燦爛的笑容，而我也以她為傲。當她有了成功經驗後，漸漸地不需要我們的支持，自己就能攀爬上去了。

讓孩子學會為自己搭建鷹架

　　公園裡有許多攀爬類的遊樂設施，有些孩子非常喜歡攀爬，也非常擅長，但有些孩子會表現出既期待卻又害怕受傷的複雜情緒，就像是蒂蒂一樣，她渴望攀爬，但她也會感到害怕，因此一直徘徊不前。

　　父母要專注的焦點，不是孩子能否一次就成功攀爬，也不是孩子有多害怕。而是當孩子感到害怕時，父母要如何成為孩子的支持者，架起一座有形或無形的鷹架，讓他感到踏實，能提起勇氣去挑戰困難。

　　就如同學習腳踏車一樣，父母會在後方幫忙扶著腳踏車或是給予輔助輪，讓孩子感到安心，進而騎得越來越穩、越好，漸漸地他們就不再需要父母或輔助輪的幫助。

　　鷹架的概念是來自於俄羅斯教育心理學家維高斯基所提出來的鷹架理論。他認為教育孩子就像是蓋房子一樣，我們得了解孩子的特性與狀態，適時地為孩子搭建鷹架，來協助他們培養解決問題的能力。當孩子具備能力與信心之後，父母就可以拆除鷹架，讓孩子獨自前行。

　　如同蒂蒂在攀爬簍空階梯時，她感受到父親的身體支持，以

及我堅定的眼神，在這樣的安全氛圍下，她提起勇氣練習攀爬，直到她獲得更多的把握與信心時，我們就能拆下這座為她搭建的鷹架。

　　每個人在學習的過程中，都需要這座鷹架，我們可以為自己搭上鷹架，來支持自己的學習與成長。就像初學開車一樣，一開始都是由教練示範到坐陪，最後獨自上路。我在取得汽車駕照後，曾幾度請先生坐在副駕駛座，陪我開車上路。隨著時間的推移，我逐漸獲得信心，才能夠獨自上路，並依靠導航到達自己從未去過的地方。

　　我們可以為自己搭建一座鷹架，但年幼的孩子，難以理解這個道理，因此父母需要先為孩子架起這座鷹架，讓他們建立信心的同時，也能學習到搭鷹架的重要性。將來他們就能夠為自己搭一座鷹架，協助自己成長。

✈ 用身體來陪伴孩子調節情緒

　　我們的身體同時具有「攻擊」與「保護」的功能。具有攻擊作用的行為，像是用腳踢或用手打，讓孩子感受到威脅、不安全感。而保護作用的行為，就像是擁抱、牽手等，讓孩子感受到連結與安全感。

　　以教養來說，孩子與父母身體接觸的經驗極為重要。我強烈建議父母在使用自己的身體時，一定要留意的是，我們的身體是用來保護孩子，而不是傷害孩子的。

　　不過，有時我們可以透過遊戲合理地抒發自己的攻擊欲望，以調節自身情緒。因為，情緒是中性的，每個人都會有憤怒與不滿的情緒，重點是我們能否採取建設性的方式來抒發情緒。

　　就像有次，我與先生在睡前，起了小小的口角，嚴格來說不算是爭吵，有點鬥嘴的成分在裡頭。當時，躺在一旁的蒂蒂突然對她的父親說：「爸爸，你不可以欺負媽媽。」

　　接著，她轉頭告訴我說：「媽媽，我幫你報復爸爸。」她說完後，立即用雙手比了十字的動作，對她的父親大喊說：「看我的，閃電攻擊！」這可愛的舉動，逗樂了我和先生。

　　先生立即回應說：「我閃！」接下來，那兩人竟然玩起「魔法遊戲」，一個採取閃電攻擊，一個閃躲防禦。

　　透過這樣的遊戲，孩子能合理發洩攻擊欲望，避免累積與壓抑憤怒的情緒，有助於孩子情緒調節，也不失為一種好辦法。

　　情緒的好壞會影響我們看事情的角度，心情好看什麼都順眼，心情不好看什麼都不順眼。孩子，也是如此。尤其孩子本身的大腦尚未發育完全，掌管理性思考與情緒的前額葉還不夠成熟，若再加

上父母的責備與批評，恐怕會啟動恐懼中樞的杏仁核，那教養就會變成「落井下石」。

針對年幼的孩子，他們的語文能力尚在學習中，不太擅長用語言表達情緒，也不擅於進行深度的邏輯思考。但他們可以透過遊戲的方式，練習接觸、覺察、抒發與表達情緒，以及釋放壓力，讓他們的身心能穩定地迎接成長的挑戰。

✈ 父母與孩子玩起攻擊遊戲的注意事項

大約在 2023 年下半年，中國大陸的中小學突然興起「蘿蔔刀」玩具，後來也擴散至台灣的小學校園，引起許多學校與家長的擔憂，討論是否要禁止這類的玩具。

有些父母會排斥買刀槍類的玩具給孩子（尤其是女孩子），他們擔心強化了孩子的攻擊性，變相允許孩子使用暴力。然而，這些東西越是禁止，孩子就越想成為偷嚐禁果的亞當與夏娃。

即使父母不買給孩子，孩子還是有機會從其他管道接觸到這些玩具。因此，我們真正要教導孩子的是，如何在合理的情況下使用它，以及提升孩子辨識危險的能力，而非一味地禁止。

有段時間，蒂蒂常遞給我一把恐龍造型的玩具槍，並指著遠方的空氣，對我大喊說：「媽媽，你看壞人在那邊！」接著，我按照

她所指的方向開了第一槍。

又過了幾秒，她指著另一方大喊說：「媽媽，那裡也有壞人！」我再按照她所指的方向開槍。後來，在她的眼裡，彷彿壞人無所不在，她胡亂指了許多地方，而我也胡亂開了數十槍。

突然間，蒂蒂突然大喊「嗚啊……」了一聲，並說：「媽媽，你打中好人了。」從她的反應中可以理解，壞人會傷害自己，我們得開槍自保，但好人不會傷害自己，所以不能攻擊對方。

在陪伴孩子遊戲的過程中，只要確保孩子能避免造成真實傷害，並確認孩子攻擊意圖具有合理性，就無需制止孩子玩攻擊遊戲。因為孩子在遊戲中發動攻擊時，能夠幫助他們提升「辨識危險」與「自我保護」的能力。

不過，若孩子出現以下的兩種情形，可能是他在生活中遭遇困境的警訊。

1. 孩子的攻擊意圖突然變得強烈且危險

在遊戲當中，可以試著觀察孩子的意圖，是為了攻擊他人還是自我保護。若是孩子是基於保護自己而攻擊他人，且是在合理的範圍內，並沒有造成他人的真實傷害，例如扮演警匪槍戰的遊戲，那父母大可放心。

但若是孩子攻擊的意圖明顯提升，或是無來由的傷害與攻擊他

人，甚至造成真實的傷害，那就得留心觀察，近期孩子的情緒是否變得比較不穩定，以及生活或學校裡是否遭受欺負或霸凌。

2. 反覆、強迫性的玩攻擊遊戲

在《兒童心理創傷後的遊戲治療[2]》書中提到，有些孩子在經歷重大創傷後，會進行一些創傷後遊戲，而遊戲本身經常具有重複、僵化、直白且缺少樂趣等特質。

例如，曾經歷車禍意外的孩子，他在遊戲時，可能會反覆將兩台車子互撞，或是將人形玩具拋飛，除非經過大人阻止，否則難以停止遊戲。孩子會透過遊戲來重演自己經歷創傷的過程，但這樣的方式也可能使自己陷入另一個危險當中。因此，若出現這樣的情況，建議尋求專業人士的協助。

在孩子在遊戲當中，請父母盡量給予足夠的發揮空間，這能夠幫助我們掌握孩子的生活，畢竟父母無法 24 小時陪伴在旁。然而，有些不幸就是發生在父母不在孩子身邊的時候，因此父母要多參與孩子的遊戲，有助於我們理解與觀察他所經驗到的生活，並給予適

2　《兒童心理創傷後的遊戲治療：實務工作者應該知道的事》，Eliana Gil，心理出版社，2020。

切的協助。

 ## 讓身體成爲孩子的「輔助輪」

　　我很喜歡唐家三少所著的《斗羅大陸》系列玄幻故事，主角一次又一次突破困境，特別激勵人心。在那片斗羅大陸上，每個人在八歲時，都會覺醒體內的武魂。武魂可分為控制系、強攻系、敏攻系、輔助系、食物系、防禦系……等，依據武魂的特性，能產生不同的作用，不僅可以用來輔助生活，也能用來戰鬥。

　　有趣的是大部分的武魂都是承襲於父母的武魂，若想要獲得其他武魂，就得通過特殊方法融合。就像我們的現實人生一樣，孩子的個性與信念，通常與父母相像，有部分來自於遺傳，有部分來自於後天的學習。

　　我依據《斗羅大陸》的武魂分類，整理出父母常見的六大天賦。若運用得當，有助於父母教養孩子；但若過度依賴天賦，則會成為教養上的阻礙。

1. 輔助系父母

　　善於發現他人的優點，並且總是能鼓舞人心，幫助對方發揮自己的優勢，例如經常稱讚與感謝伴侶和孩子的行為表現。不過，輔

助系的父母遇到挫折時，容易忘記自己的輔助能力，認為自己毫無價值，甚至會變得非常依賴他人，難以單打獨鬥。

2. 控制系父母

喜歡掌控一切的感覺，希望所有人事物都能夠按照自己的期待發展，因此會親力親為把家裡打理得非常好，包含孩子的成長過程，以及家中的各種瑣事。不過，控制系的父母常不小心跨越伴侶或孩子的安全界線，危害到他們的自主權，而引發權力鬥爭。

3. 敏攻系父母

做事情非常講求速度與效率，他們的執行速度永遠比你想得還要快。不過，敏攻系的人，可能會難以忍受伴侶或孩子的慢速，心情容易變得焦躁、不耐煩，容易使其他人感到壓力。

4. 強攻系父母

攻擊力非常強勁，尤其是在自己或孩子的利益受到損害時，一定會爭取到底。不過，強攻系的人在與伴侶或孩子吵架時，殺傷力也非常大，需要花更多的時間和力氣，才能修復關係之間的裂痕。

5. 防禦系父母

防禦力非常高,就像個銅牆鐵壁一樣,無論遇到多麼強勁的對手,他永遠都站在最前方擋著,避免自己心愛的人受到任何的傷害。不過,防禦系的人,為了保護自己所愛之人,常把自己搞得遍體麟傷。然而,這種過度保護的方式,反而會阻礙孩子的成長或親密關係的發展。

6. 食物系父母

對食物很講究,並且喜歡烹飪,一心只想著滿足孩子與伴侶的胃。舉凡孩子成長過程中遇到的問題,如發育或感冒等健康問題,都認為必須靠「吃」來解決問題。然而,這可能會演變成強迫孩子進食而引發肥胖問題,也可能會演變成關係衝突,因為對方不見得想靠吃來解決問題。

不知道,你是哪一系的父母呢?無論你是哪一系的父母,重點都在於,善用自己的優勢,並留意伴隨優勢而來的劣勢。同時,你也可以試著欣賞與善用伴侶的優勢,創造更友善的合作氛圍。

成為孩子的最強輔助

身為父母的我們,都有不同的天賦與專長,我們會帶著自己的天賦與專長,和孩子一起組隊下山歷練,開創一條屬於這個家庭的

英雄路。然而,無論你的天賦是什麼,請你記得優勢也可能會變成劣勢。因此,在我們陪伴孩子的成長過程中,父母都要知道如何妥善運用自己的天賦。

　　同時,父母要成為孩子的最強輔助。因為,教養的最終目標是讓孩子獨立,讓他活出自己的人生,而非是父母的人生。身為父母的我們,再如何強大、能幹,都不能替孩子出手打怪,除非孩子遭遇了本身無法面對的危險,否則你的幫助只會妨礙孩子的成長。

　　父母要做的就是,輔助孩子成為自己人生的英雄,成為自己人生的玩家。

　　請記得,當孩子跌落谷底時,請用你的身體搭一座鷹架,撐起孩子的身體,支持他繼續往上攀爬。當孩子遭遇阻礙時,請讓你的雙腳,成為孩子的輔助輪,陪伴他穩穩地向前行駛。當孩子受到打擊時,請讓你的肩膀成為孩子的避風港,永遠張開雙手迎接孩子的歸來。

CHAPTER 3

探索這世界的
遊戲規則

· · ·

01 — 人性的遊戲規則
換個位置，就換個腦袋

在江湖闖蕩要懂人性，就像游泳要懂水性

在《躍遷[1]》中，古典提到時代是有水性的，有些人深刻理解時代的水性，就能順著大潮去很遠的地方；有些人不理解社會和時代的水性，則可能會被淹沒。因此，他認為一個終極的高手，取決於「破局」的能力，也就是系統思考的能力，唯有當你能認識局、理解局、控制局，最後才有可能破局。

以本書的角度來說，「局」就是這世界的遊戲規則。那些看得見、清楚的規則，如法律、校規，這是最基礎的規定，但因為明確的規定人人皆知，所以影響力相當有限。

相比之下，那些看不見、模糊的規則，隱藏在檯面下的潛規則，

---

1 《躍遷：「羅輯思維」最受歡迎的知識大神教你在迷茫時代翻轉人生的5大生存法則！》，古典，平安文化，2018。

用台語來說就是「眉角」。這些模糊的潛規則，不見得人人都能掌握，若我們能熟悉並掌握它，就能比別人更有機會塑造自己的理想生活，避免將時間與心力浪費在錯誤與無效的地方。

當你熟練地掌握世界的遊戲規則時，將事半功倍；反之，當你對這些規則一無所知，則會事倍功半。

你能否洞察時局的風向？你能否理解人性、社會、育兒、婚姻，以及自己的遊戲規則呢？這些問題，關係著你在育兒的旅途中，能否更靈活地應對人際衝突與困境。

這世界的遊戲規則十分多元，從不同的角度來看，會有不同的運作規則。商人會從經濟學的角度來衡量，科學家以物理學的視角來探究，律師則以法律層面來進行判斷。這本書第三章，我所提出來的遊戲規則，主要是從心理學的觀點來分析這世界的運作模式，來幫助你掌握人類行為的本質，進而找出適合的應對之法。

但願，我們都能掌握現代育兒的水性，別在「遇兒」江湖裡沉沒了，也別在「鬱兒」苦海裡受盡折磨。

✈ 造成問題的原因，誰說得算？

當蒂蒂上幼兒園後就反覆出現感冒的症狀，後來竟然演變成嚴重的支氣管肺炎，需要住院治療。後來，我們好不容易熬到孩子出

院，先生卻遭到家族長輩的說教，指責他沒有照顧好孩子，才導致孩子必須住院。當時，我們夫妻倆感到非常委屈，因為我們都是在第一時間帶孩子就醫，並按照醫囑給予治療，我們已竭盡全力在照顧孩子，實在是現代的病毒過於強悍。

一般來說，人們在解釋事情發生的原因時，可簡單分為兩個因素，一是性格因素（dispositional attribution），二是情境因素（situational attribution）。

1. 性格因素：

與個人有關的內在因素。如個人的性格特質、能力與態度等。就像是長輩認為我們夫妻倆沒好好照顧孩子，才導致孩子生病住院。

2. 情境因素：

與情境有關的外在因素。如他人的行為反應、社會或時代的影響等。就像是我們夫妻倆都認為，是因為學校環境流行太多的病毒與細菌，才導致孩子生病住院。

為什麼我們夫妻和長輩有不同的看法呢？因為，當人們在尋找問題的原因時，會因為視角不同，而有不同的判斷，就是俗話所

說的：「換個位置，換個腦袋」。

　　通常，身為當事人的你，視線自然是投向環境的，最能體會所處環境的壓力，因此更傾向歸因於外在的情境因素。然而旁觀者的視線，則是聚焦在你的身上，最容易看到你的限制與弱點，而傾向歸因於當事人內在的性格因素。這就是「當事人－觀察者差異（actor-observer difference）」。

　　因此，當有人在責怪你時，請你多一份人性的理解，換個位置確實會換個腦袋。他不一定是故意找麻煩，他只是沒有慧眼，看清楚局勢對你的影響，也缺乏換位思考的能力，去理解你的困境。

　　不過，這也提醒我們，需要去培養智慧的眼光，以及「換位思考」他人處境的能力，尤其是面對生命中很重要的人，包含你的伴侶、孩子與摯友，看見他們自身的努力與環境造成的影響，別讓他們也受到委屈了。

在育兒時光裡，你的努力經常被忽略嗎？

　　有關於「當事人－觀察者差異」，我再舉一個例子。

　　台劇《開創者》的故事背景，發生在台灣經濟起飛的年代，講述留日的富二代江永信，他引進日本的保全科技，在台灣創辦第一間保全公司。在創業期間，他面臨種種困難與挫折，最終成為科技

保全領域的龍頭企業。

　　江永信帶著公司的業務團隊，努力開發第一位客戶時，恰巧被金鈴撞見，她自稱是永信的妹妹，十分喜愛永信。

　　當她見永信屢次被客戶拒絕而心生不忍，私下找來金飾店的美蘭阿姨幫忙。然而，當永信以為自己終於簽下第一筆生意時，得知這是金鈴的安排，使他臉色大變，並找來金鈴解釋。

　　一開始，金鈴雀躍地走進永信的家門，她一坐下便說：「說要請我喝咖啡，我以為要去老爺或希爾頓呢！」

　　此時，永信的妻子蕙蘭端出咖啡，永信對金鈴說：「你二嫂煮的咖啡不輸給大飯店，試試看。」

　　金鈴嘗了一口咖啡，放下杯子後，露出若有所思的表情，永信詢問她：「怎麼樣？」

　　金鈴覺得好喝，但她並不喜歡蕙蘭，因此不願直接回答，而是反問：「你是買哪間店的咖啡豆？」

　　永信回應：「台龍飯店貴賓廳一樣的咖啡豆。」

　　這讓金鈴理所當然地回：「難怪！咖啡要好喝，還是要好的咖啡豆。」此刻，蕙蘭表情尷尬，眼神飄移。

　　永信原本靠在沙發上，突然坐挺直說：「我其實不太贊同你這個說法。」他解釋是因為他對咖啡很是挑剔，蕙蘭花了多年的努力與嘗試，才有如今這杯好喝的咖啡。

永信繼續接著說：「我們看不到別人的努力，就說這杯好喝的咖啡，功勞全是咖啡豆，這對你二嫂並不公平！」

當下，金鈴並不以為意，只是反問：「難道，咖啡豆就沒影響嗎？」永信承認咖啡豆確實有影響，但他更在意的是金鈴的想法，並指出金鈴擅自主張幫他拿下第一筆訂單，讓他感到不悅。

永信以煮咖啡來比喻，說：「這好像你二嫂很努力煮一杯咖啡，結果這杯好喝的咖啡，功勞全是咖啡豆。」道出永信努力開墾新客戶，最終簽下第一單，卻是因為金鈴的介入，功勞歸屬於她。

閱讀本書的你，是自身努力經常被他人忽略的蕙蘭嗎？也許，當你成為父母之後，那些為孩子的犧牲與付出，他人都視為理所當然，但若你做得不如人意，還會引發他人的抱怨與批評，使你感到委屈。

還是，你是容易忽略他人努力的金鈴呢？總是認為他人的付出太少，或是能力不足，彷彿這個家就只有你有能力付出，有意願努力。因此，你可能在心中埋怨，但也可能向他們發怒。

你知道嗎？我們很有可能兩者都是，是努力容易被他人忽略的蕙蘭，也是容易忽略他人努力的金鈴。因為，當我們成為旁觀者時，容易指責當事人的行為，但當我們成為當事人時，容易把問題歸咎到外在情境。

這就是常見的人性。當你的努力被外人所忽視時，請記得這是人性，他只是沒有能力或沒機會換位思考你的處境。然而，當你要否定或批評他人的努力時，請你一定要小心求證，以免誤傷了他人，還影響了你們之間的關係。

從現在開始，別再為自私自利的評價受傷了

我們再回到《開創者》，金鈴認為咖啡好喝的原因，是來自於咖啡豆，也就是情境因素，而永信卻認為是來自於蕙蘭的努力，也就是性格因素。

由於，金鈴不喜歡蕙蘭，處處想贏過蕙蘭，因此當她喝到好喝的咖啡時，為了避免自己佔下風，便下意識地傾向於情境因素，說出「好喝的咖啡來自於好的咖啡豆」的論點。但對永信來說，身為富二代的他，光環都在父親身上，而他的努力常被外人忽略，這樣的親身經歷能幫助他理解蕙蘭的處境。

從心理學的歸因理論來說，每個人都會因為個人的動機，如個人需求、利益和目標等，影響自己取得與處理資訊的過程，最後導致不同的歸因。再加上，人通常會傾向於認可對自己最有利的論點，以符合自身內在想法，這被稱之為「自利歸因」。所以，人的自私自利是再正常不過的事情，無須太氣憤，因為我們有時也會如此，只是我們不太願意承認。

　　就像有次，我撞見先生與長輩正在爭論誰買的棉被品質更好。長輩非常堅信自己選購的棉被最好，然而他從未見過先生挑選的棉被，於是我恭敬地詢問他：「你沒有看到先生買的棉被，你是怎麼確定你買的品質比較好的呢？」

　　結果，那位長輩非常堅定地說：「這還用說，因為我買的比較貴！」原來，在他的邏輯是「貴，就是好！」不過有趣的是，當我買比較昂貴的東西時，他反而不採用這個邏輯。

　　當一個人缺乏清明的智慧，無法客觀地給出全面且適當的判斷，通常他們只會選擇對自己最有利的標準來進行判斷。若我們是為了自私自利之人的評價而受重傷，那實在不值啊！

如果你遇到笨蛋，千萬別跟他爭論

　　有一位印度禪師非常有名，常有人慕名而去，詢問他有關人生的問題。有天，有人問禪師：「人生要怎麼做，才可以得到幸福呢？」

　　禪師回答他說：「不要與笨蛋爭論。」但那人聽到卻不以為意，並認為自己的想法才是對的，試圖與禪師辯論。結果，禪師只是輕輕地回說：「對，你說的對！」

　　這個故事是我從歐陽立中《Life 不下課》Podcast EP.305〈總

有一天你會遇到酸民，怎麼辦？〉聽到的。

　　歐陽老師分享了自己曾在網路上被酸民批評而心情大受影響的經驗，後來他好奇點開酸民的社群頁面，發現裡頭充斥著負面的批評，他才恍然大悟，原來自己不是唯一被批評的人。所以他建議我們，遇到一些立場與自己完全不同的人，有時還真的無須理會與爭辯。

　　後來，有天先生向我抱怨工作上的事情，提及他懶得跟對方辯論與解釋，因為對方根本就不懂，我立即回想起歐陽老師分享的印度禪師故事。

　　於是我肯定先生的作法，並說：「你做得很好，真的不要跟笨蛋爭論，因為根本是白費力氣。」他對於我的言論，點頭如搗蒜，看樣子他也相當認同這個道理。

　　不過，我有時愛耍嘴皮子，忍不住調侃他說：「對啊！你看我每次和你立場不同時，我就會說：『對，老公說的對，你永遠都是對的！』」

　　結果，他立即聽出端倪，提高音量笑說：「什麼嘛～你是在說我是笨蛋嗎？！」我得說，我的先生真有智慧，心很大，我嘴這麼壞，他還笑得這麼開心。

　　不過，話說回來。請你千萬要小心，別與笨蛋爭論、爭執或解釋，這只會令你像這句諺語所說的：「別跟豬打架，否則你會弄得

渾身泥，而對方卻笑得很開心。」

　　有些人的存在，就是用來證明「多說無益」這句成語的。因為，那些存在著高偏見的人，是很難透過「對話」化解偏見，這只會更加深偏見。

　　總之，別浪費唇舌了，你的力氣值得放在更重要的事物上，而你的溫柔值得放在更重要的人身上。

✈ 別讓心的壓力，膨漲得像灌飽氣的氣球

　　有時，我會向朋友分享我如何看待他人的言行，有些人會告訴我，道理他們都懂，但他們就是無法這麼「理性」的看待他人，心情就是很容易受到影響，因為他們是屬於比較感性的人。從我的角度來看，我認為這不全是理性與感性的問題，而是內在的情緒累積太多，讓自己不得已成為感性的人。

　　我曾用開玩笑的口氣，向家人分享這件演講結束後發生的小趣事。

　　一般來說，在講座結束後，我會空出一點時間留在現場，讓現場的參與者可以私下提問。由於那次的親子教養講座，剛好在親子館，所以我也帶著先生與女兒一起去玩耍。

　　當時，有一位心力交瘁的母親，她問我：「真的不可以打小孩

嗎？」以我的立場來說，絕對是不建議打小孩的，即使身體的傷會隨著時間復原，但那內心的傷，可不會這麼容易復原的，甚至還有可能隨著時間拉長，讓內傷變得越來越嚴重。

我回答到一半時，蒂蒂突然很大聲地說出：「對啊！我的媽媽都沒有打過我。」當下，我倒抽一口氣，心想：「好險，我是真的沒打過小孩。」沒想到，我竟然擔心起「人設崩壞」!?

自從 2022 年出版第一本親子教養書籍後，每當我帶著孩子外出時，若孩子出現哭鬧的情緒或不適當的行為時，我難免會想到，萬一有認識我的讀者看見怎麼辦？但好險，我還不算是網紅或名人，這念頭很快就消失不見了。

不過，以韓國的精神科醫學專家鄭宇烈來說，他經營擁有 22 萬訂閱者的 YT 頻道，也有出版過多本暢銷書籍，絕對稱得上「網紅」呀！

他在《你無法破壞我的心情[2]》書中坦言，他也是人，也會有想對孩子發脾氣的時候，也有疲憊不堪的時候，也有不想竭盡全力的時候。但當他意識到會有人認出他，知道他人對他有所期待，自然會想努力表現出符合「他」的樣子給別人看。

他認為，這種努力符合「職業性質」的人格面具，並沒有問題。

2　《你無法破壞我的心情：精神科醫師教你維持恰到好處的關係》，鄭宇烈，高寶，2023。

真正的問題是，很多人都一直承受著自己應該成為「那種人」的壓力，而這股緊張的壓力會把心吹成像是鼓鼓的氣球般，讓自己變得越來越容易爆炸。尤其是身為「母親」的這份職業，更是常出現這樣的情況。

因此他建議，不要把焦點放在「別人在刺激你」，而是想想你的心情是否處於「很容易被刺激」的狀態。如果心已經膨脹得像灌飽氣的氣球一樣，哪怕只是一句玩笑話，也能讓心破碎。

我在寫書期間，投資界的傳奇人物查理‧蒙格，在洛杉磯安詳逝世，享年 99 歲。他曾說：「當你手裡只有錘子，在你看來，所有東西都像是釘子。」換個角度來說就是──當你把自己當成釘子時，在你看來，所有的東西都像錘子！

在育兒的時光裡，你經常受到他人的情緒影響嗎？你覺得你像釘子一樣，總是被人欺負，還是你認為自己是把錘子，身旁的所有人都欠打呢？

我認為，人生當中「他人如何看待你」固然重要，但更重要的是「你如何看待自己」。

讓孩子成為自己人生的玩家

02 ─ 社會的遊戲規則
人人都愛提出批評與指教

在育兒時光裡，你經常被批評嗎？

在資訊爆炸的時代，批評與指教就像是道路旁瘋狂增長的野草，人人都能出現在你的道路上，教導你該如何過生活，教育你該如何教養孩子，才是最正確的。

或許，你也曾像我一樣，全心全力地投入生活，但旁人卻輕易地對你提出建議。當我成為新手媽媽後，那些不請自來的建議就像海嘯般襲來。包括母乳該何時停餵、奶粉的品牌與調配方式、孩子的穿著與寢具，以及如何應對孩子的哭鬧、如何教育孩子等等。

一開始，我提醒自己要虛心受教，畢竟我是新手媽媽，經驗有限。然而，隨著時間的推移，那排山倒海的建議逐漸使我疲於奔命，並讓我感到滿腹委屈，常在內心咆哮：「到底還要我怎樣！」我就像父子騎驢，怎麼做路人都會有意見。

如果，你特別在意他人的評價，「育兒」就會瞬間變成「鬱

兒」，你不僅會感到茫然，還會沉沒在憂鬱的苦海裡，呼吸不到自由且清新的空氣。

提供建議的三大動機

為什麼大家都這麼愛提供建議？因為當我們提供建議時，會感到自我感覺良好，我分成以下三個動機來討論。

1. 單純分享與關心

有些人喜歡透過分享來表達關懷，通常單純帶著關懷的人，不會強迫或恐嚇你，必須按照他的方式執行，他們會尊重你的感受，試著理解你的處境，與你討論最適合的做法。

舉例來說，有次我帶蒂蒂去百貨公司時，因為地下停車場太暗，使她受到驚嚇，導致情緒不穩定。當時，由於廁所的洗手台太高，她洗不到手而不斷哭鬧，接著她的哭聲吸引了路人的目光。

後來，有位小姐走過來詢問孩子哭鬧的原因，我告訴她：「可能是洗手台太高，她洗不到在生氣。」接著，那位小姐告訴我哪裡有適合小朋友使用的洗手台，她說完後，就直接離開了。那一刻，我就好像抽到一張「天使卡」，天使下凡來幫助我解決問題，同時她的離開，讓我接收到她的理解與尊重。

2. 減緩自身焦慮

有些人很容易受到焦慮的挾持，難以和焦慮和平共處，當你的做法引發他們的焦慮時，他們會採取威脅或恐嚇的態度，說服你按照他們的方式執行，以成功減緩他們的焦慮。

舉例來說，當孩子露出輕微感冒症狀時，你可能認為不需要立即就醫。然而，容易感到焦慮的親友，就會用威脅的語氣對你說：「都已經流鼻水了，你不帶孩子看，到時出事了，看你怎麼辦！」實際上，這是他們使用的「嫁禍卡」，企圖將自身的焦慮，轉嫁給你。

然而這樣的語言背後，其實是因為他們正被「焦慮」挾持，故而採取威脅，逼你就範，按照他們的方式執行，以緩解他們的焦慮感。當你能理解這一層面的潛規則，就比較不容易因為受到威脅，導致心情大受影響。

3. 獲得優越感

有些人的自卑非常深重，並且無力擺脫自卑感的威脅，這會使他們需要從他人身上獲得優越感，來緩解自己的自卑。因此，他們必須不斷與人進行比較，持續創造勝利的時刻。

舉例來說，有些同為父母的親友，可能會對你說：「你看我買

的尿布比較便宜，你應該去那裡買…」或「我買的奶粉比較好，因為它的成分是⋯⋯」當你否認他們的看法時，對方還會窮追不捨的解釋或與你爭論到底，因為他必須說服你，認定他的作法才是最正確、最好的。

這過程就像是使用「搶奪卡」，他們透過強迫提供建議的方式，搶奪你的自尊，以維護他們脆弱的心靈。若你能懂得這一層面的遊戲規則，你的自尊就不容易被他們搶走。

你永遠可以決定，要如何回應他人的建議

人心是複雜的，每個人在提出建議時，可能同時包含以上三種心態。絕大多數人都會認為自己出的是「天使卡」，是為了你好，來幫助你的。並且往往不願意承認自己使用的是「嫁禍卡」，試圖將焦慮轉嫁給你，或是使用「搶奪卡」，搶奪你的自尊，以獲得優越感。

因此，你無須跳出來指出他們的惡劣行徑。假若對方是一位無法接納自己也有負面意圖的人，你恐怕會引火燒身，讓事情越演越烈。因為對方的手上永遠只有「嫁禍卡」與「搶奪卡」，而你將會不斷遭受到攻擊。

請你留意那些愛給你建議的親友們，若他們總是對你使用「嫁禍卡」和「搶奪卡」，甚至自詡為萬能的神，能解決你遭遇的問題

與困難時，請你看清楚，他們一定是「衰神」所化。你得在忍耐的過程中，找到適合的時機使用「送神卡」，把他們送得遠遠的！

我很喜歡釋迦牟尼佛曾說的話。祂說：「今子罵我，我今不納，子自持禍，歸子身矣！」白話來說就是，你今天罵我，但是我不接受，你就得把罵人的罪過帶回去。

也就是說，當對方送給你「嫁禍卡」或「搶奪卡」時，只要你不接受，就等於把焦慮與自卑，還給對方。

如果你還想展現禮貌的話，你只需要簡短回應：「嗯！」「謝謝！」「原來是這樣！」簡單的打發對方。但若他們實在是太過無禮，你也無需以禮待之，不回應，也是很好的回應方式！

當他人使用嫁禍卡時，你不一定要同流合汙。同樣地，當他人使用搶奪卡時，你也不一定要跟他橫搶硬奪。你永遠可以決定，要如何結束這回合。

懂得接收建議的藝術，讓你更上一層樓

韓劇《MOVING 異能》劇中女主角李美賢，在她的兒子出生不久後，她被迫與丈夫分離，獨自扶養兒子長大，同時她還得避開國家安全局的追捕。一開始，由於兒子遺傳到父親的飛行能力，她為了隱藏兒子的超能力，只好把孩子背在背上行走，但這方式使她

筋疲力盡。

　　後來，李美賢搬到新的社區，一位豬肉店的老闆娘一直盯著她的兒子，並皺眉說：「那孩子已經長大了，不適合用背的了吧！」此時，李美賢低頭數錢，她不打算回應老闆娘的建議，但老闆娘卻繼續追問：「難道他是有什麼殘疾嗎？」

　　聽到這，李美賢認為孩子受到歧視，於是她抬起頭，指出老闆娘看孩子的眼神與說出來的話，並質問她：「你以為孩子聽不懂嗎？若是他真的有殘疾，那你打算怎麼辦？」

　　此刻，老闆娘的兒子扛著豬肉走進店家，並詢問今天可以吃幾顆糖果。李美賢發現她的兒子已長大成人，但舉手投足卻像個孩子一樣，疑似智能障礙。

　　李美賢拿到豬肉後，發現裡面還放了幾顆糖果，意識到老闆娘並無惡意，是自己誤會了。她感到愧疚，鄭重地向老闆娘道歉。

　　接著，老闆娘請李美賢觀察鏡子的自己，當李美賢見到自己疲憊的模樣時，老闆娘語帶關心地提醒她：「不只孩子會累，媽媽也會累，彼此要保持一點距離才自在。」她以過來人的經驗，告訴李美賢要放手，孩子才會長大。

　　你是否像李美賢一樣，在面對他人的回饋與建議時，特別敏感，甚至會忍不住反擊對方。但請你靜下來思考有沒有一種可能，

是不是自己扭曲了對方的善意呢？

　　是的，有時候我們可能會發生這樣的情況。當你拒絕他人的建議後，才意識到對方的建議有益，但卻因為自卑感作祟，而將建議拒之門外。你能否察覺到這樣的情況，避免一次又一次錯過了那些讓自己變得更好的機會。

　　你需要勇氣，去拒絕那些無益的指教；你也需要寧靜，去接受那些有益的指教；但你更需要智慧，去分辨二者的不同。

　　當我們擁有足夠的智慧，能分辨有益與無益的指教。拒絕無益的指教能保護自己的身心健康，接受有益的指教能為我們帶來成長，並且能建立良好的人際關係。

✈ 讓你難以接受建議的三個防禦機制

　　實際上，要打從心底去接受他人的建議是相當不容易的一件事情。因為，我們往往會為了保護自己，而啟動各種防禦機制。

　　道格拉斯・史東與席拉・西恩都是哈佛法學院的溝通專家，他們在《謝謝你的指教[1]》書中提到，三種阻絕人接收回饋的觸發

1　《謝謝你的指教：哈佛溝通專家教你轉化負面意見，成就更好的自己》，道格拉斯・史東、席拉・西恩，先覺出版，2021。

機制。

1. 真相觸發機制

指的是回饋的內容本身有問題、沒幫助或對我們有所誤解時，會使我們抗拒、防衛或反擊。

就像是《MOVING 異能》劇中的老闆娘只是對李美賢說：「那孩子已經大到不適合用背的了吧！」並詢問孩子是否有殘疾，就讓她感到不悅，甚至指責老闆娘的不當發言。因為這建議讓李美賢感到委屈與不被理解，她是為了避免暴露孩子的飛行能力，才不得已把孩子緊緊包在身上。

2. 人際觸發機制

指的是與給予者有關的狀態，例如接收者與給予者的關係、給予者本人的可信程度、給予者的回饋動機與方式等，都會影響著我們對回饋的接收度。就像那些令你反感的人所提出的建議，通常會使你難以接受。而令你有好感的人所提出的建議，即使是同樣的建議，你也比較能靜下心來思考或接受建議。

以《MOVING 異能》劇中的李美賢與老闆娘的互動來說。他們的轉折點在於，李美賢發現老闆娘的兒子，也是個特殊的孩子。她意識到自己錯怪了老闆娘，她並非帶有歧視，只是以過來人的身

分關心自己和孩子。因此，當李美賢理解她的善意後，就較能接受她提供的建議。

3. 自我觸發機制

指的是給予者的回饋威脅到我們的自我認知，導致自己的內在失去平衡。當對方的建議被我們視為批評時，內心的警報器便會響起，準備迎戰或逃跑。

當我成為新手媽媽後，尤其是對方指出我不願意改變或面對的弱點時，我特別容易將他人的建議視為批評，使我難以冷靜判斷建議的益處。然而，當我們為了維護內在的自尊而忽略或否定對方的意見時，這會使我們錯過許多的成長機會。

✈ 別人的建議一定要照單全收嗎？

當你對他人的建議感到不舒服時，請你試著覺察內在的狀態，是開啟了哪一個阻絕回饋的機制？因為不同的機制，有不同的做法。

1. 真相觸發機制：只要將話題轉移到對方擅長的事就好

當回饋的內容有問題或沒幫助時，我建議你可以評估給予者的

狀態，是否願意理解你目前遭遇的困難。如果對方有意願理解，你可以試著向他們分享具體情況與所考慮的因素，共同討論出適合的作法。

另外，根據道格拉斯・史東與席拉・西恩的建議，我們可以評估給予者的專長，自己是否有想向對方學習的部分，藉由改變建議方向，讓對方明白哪些部分才是有幫助的。

假如一位長輩突然給予不請自來的建議，但這些建議並不實用時，你可以思考長輩是否有其他專長是你想向他學習的。若他擅長烹飪就向他請教烹飪技巧，若他擅長園藝就向他請教種植心得。這種改變建議方向的方式，一來能滿足對方想提供建議的需求，二來也能符合你的實際需求。

2. 人際觸發機制：你需要建立更明確的人際界線

當給予者是一個可信度很低的人時，你可能特別容易對他的建議感到懷疑，此時你無須花費力氣解釋或詢問，你只需要簡單地說：「嗯！」或「我聽到了。」就好。若是對方是你的同住家人，極度愛給你建議，卻絲毫不顧你的感受時，「不回應」就是一種很好的拒絕方式。

假若，對方緊抓著你不放，強迫你回應他，此時你必須與對方劃清界線，保持距離以策安全。

　　鄭宰熏是韓國知名的勵志作家，他常幫助網友解決人際關係困難，並提供實用的建議和解決方案，他在《面對無禮之人，就要比他更無禮[2]》建議我們可以先正經地注視對方五秒後，再告訴對方：「我的人生由我決定，請你給我心理上的支持就好。」這樣的回應方式，不僅能清楚地劃清界線，還能向對方表達自己的需要。

3. 自我觸發機制：請試著培養「成長心態」

　　當我們將他人的建議視為批評時，我們需要檢視自己的感受，是否放大對方的負面意圖。同時，我們也要覺察近期的情緒穩定度，來幫助自己分辨感受的真實性，通常情緒越糟糕的情況下，就越容易放大對方的負面意圖。若你難以辨識，可以和你信賴的親友進行討論，來幫助你做出客觀的分析。

　　根據道格拉斯‧史東與席拉‧西恩的建議，他們認為培養「成長心態」有利於接收他人的回饋。成長心態的人，相信自己能透過努力與學習而有所成長，因此在他們眼中回饋是有價值的資訊，讓自己知道後續要在什麼地方下功夫。

2　《面對無禮之人，就要比他更無禮：35 個人際關係斷捨離，奪回內心的舒服與安定》，鄭宰熏，平安文化，2024

　　如今的世界像是一片汪洋大海，裡面充滿著各式各樣的批評與指教。當你獨自漂流在海上時，若你能抓住好的浮木，它能在危急時刻拯救你，但若抓到壞的浮木，恐怕使你載浮載沉、吃盡苦頭。

　　願我們都能坦誠面對自己接收回饋的機制，擁有足夠的智慧分辨出好的指教與壞的批評，拒絕無益的批評，接收有益的指教，讓自己的人生越來越精彩！

直擊靈魂的提問回應法：未經檢視的建議，不值得收下！

　　在你的生活中，是否常常有人用高高在上的態度，給你批評與指教呢？不知道你都是怎麼回應對方的呢？

　　也許你已經避而遠之了，但有時我們無法遠離那些愛給你建議的人，不得不與他們相處。我推薦你，參考使用這種「直擊靈魂」的提問式回應，讓對方知難而退！

　　以前的我，為了維持表面的和好，並不太會發表自己的意見，大多都是順從對方，最糟的情況就是陽奉陰違，表面說一套，做的是別套。不過自從孩子出生後，基於孩子的教養，讓我開始想捍衛自己與孩子的立場。

　　在我生下蓁蓁的幾個月後，有位長輩希望我別再餵母奶了，我

看了他幾秒，認真地問：「為什麼不要餵？」

對方說得很直接，他說：「你的奶不健康！」

既然他說得直接，那我也要問得更直接：「我的奶哪裡不健康？」

對方回答的是：「因為你有那個病（指的是乾癬）。」

我繼續問他：「那你是從哪裡知道說，乾癬會影響母奶的營養的？」這個問題令對方無言以對，從此之後他未再要求我停止哺餵母乳。其實，當時我的病情十分穩定，而我也未服用任何的藥物，我自己也是做過評估，才決定哺餵母乳的，實在難以理解他為何會說不健康。

「直擊靈魂」提問式回應的三大原則

這是我結合多年的諮商經驗，以及經常接受到批評與指教的生活經驗，所發展出來的問話方式。有時能讓對方不戰而退，雖然不是每次都有效，但大部分的攻擊都能抵擋下來，也能夠避免發生激烈的衝突。

1. 以「好奇」取代「好勝」

當我們提出具有批判性的問句時，不僅表明了自己的好勝心，也會限縮了他人回答的方向，並且大幅降低了對方善意回答的意

願。最糟糕的情況是，激起對方的求勝欲，引發一場爭奪勝利的口舌之爭。

舉例來說，當長輩阻止你餵母奶時，你反問他：「我不餵母奶，難不成你幫我付奶粉錢嗎？」這就是帶有批判性的提問攻擊。

當長輩受到你的攻擊時，他們可能會反擊說：「是你們要生小孩，你們要自己想辦法啊！」甚至，還會提出「沒錢就不要生小孩啊！」之類不具建設性但具攻擊性的言論。

如此一來一往，戰場只會不斷擴大，問題也會失焦，還導致關係越來越惡劣。因此，當我們在提問問題時，請帶著好奇心，用一種「非預設立場」的方式提問，重點是在於理解對方為何給出這樣的建議，而不是贏得這場口舌之爭。

你可以用更開放的問句，例如問對方：「阻止餵母奶的原因是什麼？這樣的考量是來自於什麼？」創造安全的氛圍，讓對方自開心門，以便你直搗內心。

2. 用「已知」召喚「無知」

當對方的建議顯得無知或毫無根據時，若你直接指出對方的無知，可能會凍結對話的氣氛或引起對方反彈，甚至他還可能會反過來指責你才是無知之人。因此，你可以提出「好的問題」，協助對方深入思考自己的論點，發現可能存在的不合理之處，這是一種很

好的回應方式。

　　舉例來說，當長輩希望我別再餵母奶時，我詢問他給出建議背後的邏輯後，發現原來他的邏輯是，我罹患慢性病，所以母奶不健康。緊接著，我再進一步向他請教邏輯的合理性，請他證明慢性病與母奶健康的關聯。最後，他意識到這只是自己毫無根據的猜想。

　　這樣的提問方式，源自於希臘哲學家蘇格拉底，他常使用問答的方式，協助人們更深入理解自己的無知。他曾說：「未經檢視的人生，是不值得活的人生。」也如同《一念關山》六道堂首領寧遠舟所說：「沒有經過多方驗證的消息，就是胡扯。」總而言之，沒有經過多方驗證的建議，就是胡扯，不值得接收。

3. 以「提問」代替「回答」

　　透過提問的方式，能夠幫助你釐清他人建議的動機與期待，以及建議內容的可信程度，助你判斷是否要接受這樣的建議。

　　當你透過提問發現，對方提供的建議經不起考驗時，提問也能巧妙地助你逃過一劫，避免拒絕建議所帶來的尷尬。同時，這種帶有好奇的提問，會讓對方感受到你重視他的想法與意見，此刻的你們是共同面對問題的隊友而非敵人。

03 ── 婚姻的遊戲規則

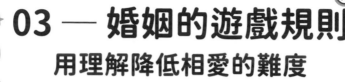

用理解降低相愛的難度

 輸掉婚姻三種玩法

有款手機遊戲叫做《傳說對決》，這是由五位玩家組成一隊，共兩隊，哪一隊先推掉對方主塔就能獲勝，而婚姻就像是這場組隊遊戲。

在遊戲地圖當中，有三條路可選，分別為上、中和下路。通常，坦克或戰士走上路，法師走中路，而下路則是射手與輔助合作，而打野角色則是在這三條路之間遊走支援。

上中路的法師、坦克與戰士，就像是兩個家族之間的父母、手足或其他親友等。遊戲剛開始時，每一路的玩家，都得堅守自己的位置，累積足夠的金錢以購買裝備，來強化自己的能力。當大家的能力越強，就越有可能贏得這場比賽。

下路的射手與輔助，就如同夫妻一樣，他們的合作默契非常重要。若累積深厚的感情再進入一段婚姻，就較能穩固地面對雙方家

庭的衝突或問題。

　　到了遊戲中期，各路之間的玩家開始互相支援、埋伏，用群毆的方式擊敗對手。也就是結婚生子之後，兩方的家族開始互相支援合作，但也考驗兩方家族的合作能力。

　　根據找的經驗，一場組隊遊戲，通常會因為這三個原因輸掉：

1. 指責的聲音出現

　　在遊戲當中，只要出現責怪的聲音，輸掉比賽的機率就會大幅提高。

　　受指責的人通常會有這三種反應。一是反擊，攻擊指責者本身也沒多厲害或技術更糟糕。二是逃避，不願意與隊友合作，靠自己單打獨鬥。三是擺爛，他會站在原地，一動也不動，狠一點的玩家會直接登出遊戲，絲毫不在乎受到限時禁玩的懲罰。接著指責者會強化他的攻擊，形成指責的惡性循環，加速團隊崩壞的速度。

　　這就像是婚姻裡，當指責出現時，就會出現互相傷害的惡性循環。然而，你認定是對方先攻擊自己的，對方也會認定是你先攻擊他的，沒有人願意先將態度放軟，用溫柔的口吻開啟正向的溝通方式，如傾聽、同理和肯定，來打破相互指責的循環。

2. 不斷犯同樣的錯誤

在遊戲當中，你會發現有些玩家總是犯相同的錯誤，死法都一樣，但卻不懂得反省。明明他常被埋伏在草叢的敵人刺殺，但他仍肆意經過草叢，並認為是敵人太過於狡詐的問題。一般來說，在遊戲中我們只要避免自己常犯的錯誤，就能夠成為高明的玩家。

在婚姻裡，我們也容易如此。我們總是用相同的方式，在面對同一個情境，問題只會反覆發生，不會有所改變。愛因斯坦就說過：「瘋子就是重複做同樣的事情，還期待會出現不同的結果。」在婚姻裡，希望我們都不是瘋子。

3. 人物角色定位有問題

在遊戲世界當中，坦克的職責是擋在前方，抵擋敵人的攻擊，保護法師與射手。法師與射手的職責是站在坦克的後方，向敵方的射手與法師發動攻擊。然而，有些法師或射手會誤以為自己是坦克，總是在前方承受敵人的傷害而身先士卒；有些坦克則是躲在法師與射手的後方，讓他們去送死，導致團隊失去攻擊力。

就像是在婚姻裡，每個角色都需要擁有明確的定位和功能，同時夫妻也需要共同肩負扶養孩子的責任與義務。然而，當雙方長輩過度介入教養方式，或者過度干涉夫妻間家務分工時，輕則會引發家庭衝突，重則會輸掉這場婚姻遊戲。

同樣地，當夫妻忙於工作，將教養的責任交與長輩時，若夫妻

過於干涉長輩的教養方式，甚至期待長輩完全按照自己的想法來帶孫，這也會引發衝突，把家裡搞得烏煙瘴氣。

夫妻需要相互支援與補位

在《傳說對決》遊戲裡，在一開始選角的環節裡，若分配角色出現問題，就注定是一場失敗的戰役。以我的經驗來說，每個人都喜歡玩「輸出角」，因為攻擊力大，玩起來較有成就感。但若是太多人都選擇「輸出角」，在沒有人願意承受傷害的情況下，極易還沒發動攻擊就被敵方全數秒殺了。

在婚姻裡，雙方角色的功能與責任，比起遊戲又更為複雜。結婚後，夫妻必須面臨家務分工的挑戰，隨著孩子出生後，更需要探討如何取得工作與家庭的平衡，以及各自需要在事業發展上做出多少調整，以及花多少心力關注孩子的成長。

當伴侶之間缺乏充分的溝通與協調，每個人都只想扮演自己喜歡的角色，只願從事容易獲得成就感的事情。而那些不討人喜歡又沒成就感的家務，如半夜誰起床泡奶、誰要接送孩子、誰要處理垃圾和打掃等，這些總得有人得做，而被迫做的人就會累積不滿的情緒，為關係埋下一顆炸彈。

因此在婚姻裡，需要充分討論與尊重彼此的意願，各退幾步協調角色的定位與分工，適時地輪流或補位，才能夠讓這場組隊遊戲

玩得更久、更有趣。

降低溝通的難度，才能提升婚姻的滿意度

有些人會將自己的遊戲規則視為理所當然，他們可能會說：「這不是常識嗎？還需要我說嗎？如果他愛我，應該要想辦法理解啊！」然而，我得說這樣的期待是不切實際的，因為在你世界裡的理所當然，在對方世界裡未必就是如此。

也有些人總是用自以為的方式來表達愛意，他們可能說：「我做這些事情，都是為了他好啊！」然而當對方不領這份情時，他們就會指責對方不懂得珍惜自己的好。

在親密關係裡，你有你的遊戲規則，他有他的遊戲規則，都是值得尊重的。如果你執意要求他遵守你訂定的遊戲方式，他可能會玩不下去；如果他執意要求你遵守他訂定的遊戲方式，那就換你玩不下去。這樣的婚姻，遲早會結束，不然就是歹戲拖棚。

我認為，真誠且精準地向對方表達自己的感受與需求，是每個人在親密關係裡的責任。沒有人應該知道，你的遊戲規則是什麼？為什麼要訂定這樣的遊戲規則？這些都需要你親口告訴對方，才能更好地協調出雙方都能夠接受的遊戲規則，這場婚姻遊戲才能玩下去！

　　每個人想被愛的方式不盡相同，而這些不同通常來自於成長經驗的影響。因此在伴侶諮商裡，我經常詢問伴侶們：「你想要如何被愛？」接著，當伴侶們各自分享完自己的遊戲規則後，我會進一步追問他們的感想。

　　有些伴侶明白了對方所期待的愛，但卻不知如何下手，這可能涉及「能力」的問題。比方說，女方希望男方能深入理解她的感受，但男方缺乏與人深度交流的經驗，即使男方有意願，但能力始終不足，達不到女方期待的男方會感到挫敗感，而女方則誤以為男方不夠愛自己。

　　有些伴侶早就知道對方的愛好，但卻不願意主動付出，這涉及「意願」的問題。這有可能是因為對方給愛的方式，並不符合他的期待，他感受不到愛，自然也不願依對方的喜好來表達愛意，這像是一種報復的心態，我得不到你也別想得到。

　　為什麼你付出了這麼多，他仍舊感受不到你的愛？為什麼他總說自己付出很多，而你卻一點都感受不到？問題並非給予的愛太少，而是給予的方式錯了。在經營婚姻時，最「事半功倍」的方式，就是把愛給在伴侶的需要上。

精準表達與理解，能降低相愛的難度

　　在親密關係裡，當一個人無法清楚表達自己的需求與狀態時，

那對方精準給愛的難度就會提高，這可能會讓對方打退堂鼓。最可惜的，不是他不夠愛你，而是愛你太困難了。請記得，人腦是懶惰的，它喜歡挑簡單的事情來做，包含「愛」也是。

假若連你都不清楚自己想要的愛情與婚姻是什麼，那你的伴侶根本無從得知，哪些行為能讓你感受到愛，哪些語言能讓你感受到愛。你的伴侶就像是蒙上眼睛一樣，只能對你胡亂射出愛之箭。在這樣的情況下，彼此都會對這場愛情遊戲感到不安。

我認為，婚姻的相處之道，不僅在於你為對方付出多少努力，也不只在於你能賺取多少的財富。這些固然重要，但親密關係裡有一件絕不能忽視的事情，就是你們能否精準地表達與理解彼此的需求。

大家都說經營一段好的婚姻很困難，尤其是有了孩子之後，因此我們更需要降低溝通的難度，別為了要對方證明愛情的存在，而設置許多關卡讓他來闖，這樣他只會越來越無力去愛你。

請記住，伴侶的精力是要用來愛你的，不是用來「證明」愛的存在。

✈ 父母如何相愛，都是在教導孩子如何愛人

有次，我們在小兒科診所裡等待醫生看診時，先生抱著女兒，

而我坐在一旁。由於這天工作量較大，我略顯疲態，低頭陷入半夢半醒的狀態。

突然間，有人輕輕摸了我的頭，我警覺地抬頭一看，原來是坐在旁邊的先生，我直接問他：「你幹嘛？」

先生只是笑笑地說：「因為愛妳啊！」接著，女兒在旁聽到後，立即出手狂掃我的頭髮。當下，我的頭髮雖然散亂，但心卻不凌亂，彷彿被打了一劑愛的強心針。

我常在想，當父母能夠把婚姻經營得好，彼此懂得如何愛對方，也能感受到對方的愛。孩子在這樣的家庭氛圍下成長，那未來他們必然會懂得如何愛人，更有機會創造出幸福的婚姻與人生。

這幾年，我和先生經常用幽默、出其不意的方式表達愛意。蕭蕭在這樣的家庭氛圍長大，也有樣學樣。舉例來說，有天晚上先生加班，她特地在大門上貼了一個心型磁鐵，我問她：「為什麼要這麼做？」

她一臉正經的樣子說道：「因為爸爸下班回來，看到這個愛心，就會知道我愛他。」事後，我將此事告知先生，先生露出受寵若驚的幸福表情。

年幼的孩子還不太懂得如何分辨是非對錯，通常都是模仿父母或主要照顧者。因此，你如何對待伴侶，孩子也會如何對待他；伴侶如何對待你，孩子也會如何對待你；你如何愛人，孩子將來就如

何愛人。

坦承自己的感受與想法，即使只是為了自己好

我和先生結婚五年來，都一直在摸索、嘗試和溝通，對方喜歡怎樣的愛。有時，我們能夠猜中對方的想法，但有時我們也會誤會彼此。在過程中，我發現坦承自己的感受與想法是一件很重要的事情，即便只是為了自己好。

在寫書期間，每天早上我會花三小時來書寫，然而長時間的書寫使我出現肩頸痠痛的困擾。為了解決這個問題，我打算利用做家事逼自己起身活動，讓筋骨舒展。

起初，我將這個想法聚焦在洗曬衣服上。通常，這項工作是由先生晚上下班後處理。因此，我特意告訴他，別在晚上洗衣服，讓我白天再處理。這樣我們晚上就會有更多的時間，可以陪伴彼此與孩子，同時也能避免他過度勞累。不過我刻意隱瞞了，我想透過白天處理家務，來避免長期久坐所導致的肩頸痠痛問題。

在那段期間，每周有兩個晚上，我會到諮商所提供個別和伴侶諮商服務。我通常會在晚上十點左右回家，那時先生與孩子都已入睡，我也會迅速洗澡後加入躺平的行列。然而我連續好幾天都發現，洗衣籃都是空的，先生居然都把衣服給洗了，即使我一再提醒先生，白天我再處理，但他還是趁我晚上外出工作時，把衣服全洗

曬了！

　　這天晚上，我又發現衣服被洗了，心裡浮現強烈的疑問，當我進房入睡時，先生剛好起身上廁所，於是我問他：「你為什麼又不讓我洗衣服？」

　　先生用低沉的聲音回答：「衣服那麼多啊！」說完後，就離開房間去了廁所。

　　我一直在思考，今晚洗與明早洗有什麼區別嗎？還是他嫌棄衣服放太久了呢？大約過了二分鐘，先生回房後，他改口說：「我是怕妳太累了。」

　　原來是這樣啊！先生誤以為晚上先洗曬衣服能減輕我的負擔，但卻不知我在早上洗衣服能夠幫助我起身伸展筋骨，避免肩頸痠痛的問題，對我而言這才是避免勞累的好方法。後來，我只好老實地告訴他原因，雖然他有點落寞，但從那之後他就再也沒有偷洗衣服了（笑）。

　　在婚姻當中，夫妻之間雖然都得為彼此著想，才能走得長久，但我們也不能總打著「為你好」的旗幟，刻意演出無私的態度，盡說冠冕堂皇的好聽話。有時，我們也得直面內心的自私，坦誠表達內在需求，如此對方才有機會更精準地，愛在你的需要上。

把渴望的音量，調到最清晰的位置

有時，我們會為了維護自己的形象而避重就輕，未能坦承真相，導致更多的衝突與誤會產生。就像我一開始未能坦白告訴先生，我想要洗曬衣服的真實原因，而採用表面上為他好、為關係好的理由，反而造成我們之間的誤會。

有時，我們會因為愛而選擇委屈自己和迎合對方。然而，那些被我們壓抑的需求與負面情緒，一定會伺機而動，直到找到宣洩的出口。就像我經常期待先生能多陪伴孩子玩耍，但同時我也擔心他沒有足夠的個人時間，以及充分的意願來陪伴孩子玩耍。因此，我總把這些期待與不滿，壓在心底深處。

然而，我發現每當我在陪伴孩子時，只要先生與我談論電視劇情，我就會感到極度的不耐煩，不願回他，甚至對他發怒。這是因為我那心裡的不平衡，正向我吶喊：「明明我們都在家，但他卻能安心追劇，而我只能陪孩子玩耍，這實在是太不公平了！」

在過去的婚姻裡，你所壓抑了的需求與不滿，會不斷妨礙你此時的婚姻，讓你難以帶著善意與好奇去理解對方。然而，當你突然將過去的不滿表露出來時，對方只會覺得莫名其妙，認為你沒事找碴、翻舊帳。

　　因此，我們需要坦誠地面對自己的感受和需要，思考哪些需要得靠自己滿足，哪些需要得依靠伴侶。在婚姻裡，真誠地向對方坦白自己的渴望，而且要說得清楚。

　　我們內在的渴望，其實有個「音量控制鈕」，有些人會轉得特別大聲，令人感到刺耳而煩躁，但有些人彷彿就像靜音一樣，完全聽不見他的聲音。而我這幾年的婚姻生活，就是在學習如何將自己的渴望，調得更清晰。

　　茱蒂絲・萊特與鮑伯・萊特都是伴侶諮商的專家，他們在《好好吵架！[1]》書中描述「衝突」是一把能讓伴侶間更親密的秘密武器，並非是即將拆夥的徵兆。

　　我想，這把秘密武器的操作方法，就在於把自己內在渴望的音量控制鈕調到最清晰的位置，好讓對方能聽見自己的感受與需求，才有機會互相理解與彼此滿足。

協助伴侶精準地表達自己的感受與需要

　　我們在解讀伴侶的語言時，有時會陷入「非黑即白」的批判思維，認為對方不是在表揚自己，就是在批評自己，毫無其他的可能

---

[1]　《好好吵架！：深入內心，挖出渴望，讓親密關係再進化》，茱蒂絲・萊特和鮑伯・萊特，本事出版，2021。

性。

就像伴侶只是問你：「你今天為什麼還沒幫小孩洗澡？」而你卻認為他在指責你偷懶，於是不甘示弱地反擊說：「拜託，我今天很忙，好嗎！」

而伴侶感受到你的怒氣，以為你在指責他很閒，所以也反擊說：「又不是只有你忙，我工作也很忙好嗎！」然而，這樣的對話模式只會引發一連串的衝突。

現代夫妻大多是經歷自由戀愛才走入婚姻。因此，在正常情況下，雙方是深愛彼此也樂意為彼此付出。然而，在這段共度婚姻的歲月裡，若是經常陷入非黑即白的二元思考，而過度解讀對方的言語，恐怕會耗盡這些好不容易累積而來的愛。

當伴侶對你提出：「你今天為什麼還沒幫小孩洗澡？」或者與「為什麼不」有關的提問時，你發現自己產生不舒服的情緒後，請先暫停一下，緩緩地吸氣，提醒自己別落入非黑即白的二元思考。請你帶著好奇心，探問對方的意思，幫助他更精準地表達，他很有可能只是想關心你，只是不太懂得說話的藝術。

在親密關係裡的每個人，都要真誠地面對自己的感受與需要，也需要提供善意的氛圍，協助對方精準地表達自己的感受與需要。必要時，你可以採取先前談到的「直擊靈魂的提問方式」，來幫助對方探索內在，更完整地表達自己的想法，因為你腦海中的想像，

若沒有經過雙方驗證，就像是胡扯。

成爲有趣與智慧集結於一身的伴侶

　　我的好朋友鍾宛貞，她在西元兩千年時，因腦瘤壓迫到神經而失去視覺，她雖失去光明，但她的存在卻像太陽一樣，照亮身邊的人，而且她還曾經獲得十大傑出青年的殊榮呢！

　　她是我在幽默方面的啟蒙老師，許多我在婚姻裡的幽默作法，都是向她學習而來，而這些幽默作法，與我提倡的遊戲教養也有些類似。

1. 用戲劇的元素，表達不悅的心情

　　有次，我與宛貞閒聊時，無意間對她開了一句玩笑話，我以為這樣很好笑，並未意識到自己的不禮貌。

　　然而，她並未責備我，只是起身擺出一副出演舞台劇的姿態，故作認真地拍了一下桌子，提高音量說：「你這麼說，我會比較高興嗎？」她浮誇的演技，讓我笑到肚子痛。不過，她戲劇式的回應，也讓我重新檢視與反省，我確實是冒犯她了。

　　後來，每當先生說了不悅耳的話時，我就會加入戲劇的元素，像舞台劇演員一樣，用浮誇的口吻，假裝生氣或委屈地對他說：「你

這麼說，我會比較高興嗎？」經過多次試驗，先生的反應都是大笑，但他同時也會意識到自己說了不妥的話。而這樣的演出過程，我也偷偷宣洩了一些不舒服的情緒。

2. 用誇張的方式，表達深深的愛意

有次，我聽見宛貞與她朋友的對話內容，她毫不保留地對那人說：「只要是你，我什麼都願意。」這話聽起來十分誇張，但正因為誇張，才讓對方笑得合不攏嘴。與她相處久了，我在不知不覺間，也學會了「誇張示愛」的技巧，並運用在婚姻當中，以一種既幽默又誇張的方式，來表達愛意。

就像有次先生替朋友抱不平，因為他的朋友總被女友牽著鼻子走。以往，我會認真地從心理學的角度，來分析他們的問題，但這次我想換個方式。

我開玩笑說：「真的不好嗎？可是我覺得很好欸！」先生疑惑地看著我，我繼續說：「因為我就是一直被你牽著鼻子走的啊！我超樂意，你說什麼，我都聽你的，我不會有任何抵抗的！」先生雖然知道我在胡扯，但也被我逗得很開心。

當對方在抱怨時，不見得希望我們直接給出建議，若我們太認真分析，反而容易因為立場不同而起爭執。這時，來點「愛的奇襲」，反而能殺個對方措手不及！

夫妻需要找到彼此都覺得好笑的互動模式

　　幽默的目的在於帶來歡樂，而非拿來自抬身價或貶抑他人。有時夫妻之間的鬥嘴，也可能出現你覺得很有趣，但對方感到不悅的情況。若他一直隱忍不說，而你毫無察覺，不悅就會一而再、再而二的發生，耗盡了辛苦累積的感情。最後，他突然提出離婚，若婚姻就此結束，那實在是太冤枉了。

　　因此，請你深深記得，幽默的本質就是冒犯，不是冒犯他人（取笑他人），就是冒犯自己（自嘲），我們需要謹慎地展現幽默，雙方都覺得好玩、好笑、有趣，才叫做幽默。

　　夫妻之間，需要共同找到彼此都覺得好玩、好笑的互動模式，產生有趣的連結感，甚至還能在苦中作樂，幫助你們一起在婚姻這條道路上披荊斬棘。

　　幽默是感情甜蜜的催化劑，也是婚姻衝突的解藥。若你願意勤勞培養屬於你們之間的幽默，我相信你們的關係會變得更加自在與輕鬆。人生又苦又累，育兒也苦也累，但有幽默相陪，生活會變得有趣起來。

04 ── 育兒的遊戲規則
孩子聽話與不聽話的潛規則

毀掉孩子人生的三種玩法

大家都在尋找如何讓孩子成功的方法，但我想先跟你聊聊毀掉孩子人生的三種玩法。

1. 一直要求孩子得順從你的想法

當你長期強迫孩子得遵從你的指示時，他會誤以為自己的主見並不重要，甚至是錯誤的。然而，大腦的設定是「用進廢退」的，他會漸漸失去尋找與表達自身想法的能力，這無異於毀掉他的人生。

作為父母，無需凡事都聽從孩子的想法，但在遊戲世界裡，你一定要多傾聽孩子的想法，配合他的遊戲規則，即使在你眼中看來是多麼無聊與幼稚，但仍請你讓他可以自由探索與發揮創意，這有助於他培養獨立思考與表達的能力。

2. 一直要求孩子壓抑自己的憤怒

當你長期用「武力」鎮壓孩子的暴動，他的憤怒是會累積的，一旦他克制不住憤怒時，必然會以某種形式發洩出來。也許，他會攻擊自己，出現自傷、自殘的行為，因為他無法對別人發洩怒氣，那只好對自己生氣。也許，他會選擇性攻擊較弱勢的人或動物，把累積的憤怒一口氣宣洩出來，當你的武力值比孩子低時，你也有可能會成為被攻擊的對象。

我的意思並非要父母任由孩子無理取鬧或任意發怒，而是請父母讓出一點空間，讓孩子表達憤怒的情緒。尤其，在孩子玩遊戲時，你可以陪伴他透過各種玩具與扮演的方式，讓他合理地發洩成長以來累積的負面情緒，特別是憤怒。

3. 一直阻止孩子滿足自己的渴望

當孩子長期壓抑自己的渴望時，他會感到自己的存在並不重要，而且還會失去對人生的追求與熱情，過著行屍走肉的生活，失去靈魂的日子與真實的死亡相去不遠。

我並非要父母盲目地滿足孩子的慾望，想要買什麼，就買給他，孩子想做什麼就讓他做，這還需仰賴父母謹慎地考量與判斷。不過，父母至少可以在遊戲的世界裡，給孩子更多更大的自由，讓

孩子想怎麼玩，就怎麼玩。他可以自己制定遊戲世界的規則，只要不涉及重大的安全疑慮，就請放手讓孩子成為遊戲世界裡的主宰。

孩子想怎麼玩，都是有他的原因，這些都是來自於他內心深處的渴望，只是身為大人的我們，難以完全理解，但只要一直玩下去，我們就有機會知道。

✈ 別讓復仇成為孩子一生的目標

在許多觀眾的眼裡韓劇《黑暗榮耀》是齣復仇爽劇，但在我眼裡卻是人生悲劇。為何人們看得大快人心呢？那是因為劇情勾起了人們成長以來所壓抑的憤怒，並且用一種看似合理、有道德的方式進行報復，攻擊那些曾經傷害自己的人。

然而，當一個人以復仇為目標時，就意味著得放棄自己的人生，甚至犧牲掉自己所愛。就像是文同垠放棄成為建築師的夢想，而選擇成為朴涎鎮女兒的班導師，以利復仇。

文同垠悲劇人生的開始，是來自於她的母親鄭美熙，她頂著一頭蓬鬆散亂的橘髮，就像她的人生一樣，一團混亂。

當文同垠在校園遭受同學的欺負與霸凌時，她為了錢，忽視女兒的身心痛苦，並擅自更改退學申請資料，甚至在文同垠剛成年時就切斷母女關係，讓文同垠在外獨自求生。後來，文同垠好不容易

成為學校老師後，她又為了錢，住進文同垠的租屋處，想盡辦法讓文同垠失去工作。

當文同垠要求鄭美熙離開租屋處時，發現鄭美熙竟在租屋處裡烤肉。當時她不斷羞辱文同垠，並以「生養」的恩情進行道德綁架，好在文同垠仍堅持劃清界線，不再續這段「有毒的母女關係」。

此刻，一旁正在烹煮的烤肉噴出油來，曾被燙傷的文同垠頓時感到恐懼，並下意識地趴倒在地。

接著，鄭美熙竟露出興奮的表情，並自以為佔上風地說：「妳現在很害怕吧？」她彷彿抓到文同垠的弱點，正思索如何進行下一步的攻擊。

在戰場上知己知彼，就能百戰百勝，但在家庭裡知己知彼，非得爭出輸贏時，只會兩敗俱傷。不知，你是否曾為了佔上風，而抓著孩子的弱點，進行攻擊呢？

比如說，孩子正在為某件事情傷心難過，而你為了制止他的難過，而在旁邊取笑他的柔弱。你明知道孩子的世界只有你，很看重你的評價，但只要孩子不如你意，你就辱罵他是個「壞小孩」、「不孝順」，試圖用道德約束孩子的行為。

「壓抑憤怒」比「發洩憤怒」更危害身心健康

在教養的過程中，父母與孩子有各自的立場，雙方起衝突產生

負面情緒是在所難免的事。

在衝突時，你是如何面對孩子的憤怒呢？你是否會用更大的憤怒壓制孩子的怒氣？還是抓住孩子的弱點，拚命地往死裡打，就像《黑暗榮耀》裡的鄭美熙，試圖用瓦斯爐上的火，威脅文同垠。

卡倫・荷妮在《我們時代的病態人格[1]》書裡，結合阿德勒與佛洛伊德心理學的理論，來分析人的愛與焦慮、迷茫與孤獨、害怕競爭與衝突等議題。她提到當父母的教育方式失當，使孩子具有充分理由反抗時，主要危害孩子人格養成的原因，並不是感受本身或表示抗議的過程，而是那些對父母的敵意受到「壓抑」。

也就是說，「壓抑憤怒」比起「發洩憤怒」，可能更加危害孩子的身心健康。因此父母在教養孩子時，請允許孩子生氣，他可以把憤怒表達出來，不過這並非讓他隨心所欲的發洩情緒，而是學習採取更有「建設性」方式，來取代情緒的壓抑。

1　《我們時代的病態人格：【愛與焦慮、迷茫與孤獨、害怕競爭與衝突……】結合阿德勒與佛洛伊德心理學，跳脫痛苦循環的撫慰之書》，卡倫・荷妮，小樹文化，2019。

爲什麼孩子願意聽你的話？

你知道嗎？其實，你的孩子也曾對你有敵意，他只是選擇了壓抑。

卡倫・荷妮在《我們時代的病態人格》書中分享了孩子選擇壓抑敵意的四個原因。而我認為，這些原因正是容易被父母拿來攻擊的「小辮子」，雖然好用，但對孩子的殺傷力極大。

1.「我必須壓抑，因為我需要你」

孩子是沒有生存能力的，極度需要父母親的照顧，有些父母可能會抓住這弱點，對孩子說：「你再吵，我叫垃圾車把你載走。」或是當孩子力所不及需要你幫助時，但你卻對他說：「我不要，你自己想辦法。」像是泡奶給他喝、準備食物給他吃之類的事情。

這樣的做法會使孩子對生存感到焦慮，我們之前談論到孩子非常需要安全感。尤其是年幼的孩子，在生活上得仰賴父母的協助，他們為了生存下去，只好壓抑自己的挫折與憤怒，轉而討好父母。長期下來，這些負面情緒的累積會扭曲孩子的人格發展。

2.「我必須壓抑，因為我害怕你」

在遊戲裡，每個角色都有不同的攻擊力。在家庭裡，孩子的攻

擊力一定是不如父母的。因此，當場面失控時，父母只要正常發揮，就能輕而易舉地鎮壓孩子的暴動。

有些父母會採取打罵教育，讓孩子感到恐懼而選擇聽話，但可惜的是，往往孩子學到的，並非是父母希望他們建立的良好規範，而是壓抑自己的敵意。

隨著時間流逝，孩子的攻擊力持續增加，而父母的攻擊力只會不斷下降。恐怕哪天孩子有了足夠的能力，用以牙還牙的方式來對付父母了。

3.「我必須壓抑敵意，否則我會失去愛」

每個人都有「被愛」的需求，父母是如此，孩子也是如此。這樣的前提下，「你不愛我」就成為一種全天底下最可怕的事情。

有些父母為了控制孩子的情緒，會以「收回愛」作為懲罰，他們可能會說：「你再這樣，我就不愛你了。」或者「你得這麼做，我才會愛你。」用愛威脅孩子的做法，雖然有效，但長久下來，他會對愛失去信心，也會對父母失去信任，進而對世界失去安全感，他的敵人只會越來越多。

4.「我必須壓抑敵意，否則我是壞孩子。」

在華人社會裡特別強調孝順，有些父母會抓著這點，要求孩子

順從自己,甚至用生養的恩情,勒索孩子報恩。就如同《黑暗榮耀》的鄭美熙,不斷傷害女兒,卻又要求女兒報恩。

雖然社會道德能抑制孩子的憤怒,但並無法消除孩子的憤怒。同時,也會使孩子對自己產生更多的懷疑與批判,同樣也有害人格的養成與心理健康。許多壓抑敵意的孩子,即使長大成人之後,仍被社會道德綁架,難以切斷有毒的關係,只好不斷犧牲自己的身心健康,並屈服於那些「滿嘴道德但實際上沒有道德」的人。

和孩子一起找到合理發洩敵意的方式

我想大多的父母都是愛孩子的,並非故意要抓住孩子的小辮子,只是這樣的方式比較快速有效。不過,我還是想邀請你,盡量避免用攻擊孩子的弱點,來鎮壓孩子的暴動。但若你已不小心這麼做的話,也別太苛責自己,因為人在遭遇危險時,最直接的反應就是攻擊對方的弱點。

從現在開始,我們一起尋找具有建設性且合理發洩敵意的方式,別再讓孩子犧牲自己的身心健康,好嗎?

另外,父母可以多陪孩子玩「扮演遊戲」,讓孩子適當地發洩自己的攻擊欲望與憤怒情緒,就像我們看《黑暗榮耀》這齣復仇爽劇一樣,透過想像來調節自己的情緒。

爲什麼孩子不願意聽你的話？

我們在談〈為什麼孩子願意聽你的話〉時，你可能會說：「才不呢！孩子都不聽我的話！」那我們就再來聊聊，為什麼孩子不願意聽你的話。

當孩子犯錯時，你會給予指導嗎？當孩子的行為不符合你的期待時，你會對孩子說教嗎？也許，你心裡曾埋怨過：「為什麼我說的方法，明明就是對的，但是孩子卻不聽呢？」

在這裡，請你回想在〈社會的遊戲規則：人人都愛提出批評與指教〉裡，我們聊過的三種阻絕人接收回饋的觸發機制。不只我們是如此，你的伴侶、孩子都是如此，都存在著這三個觸發機制。

1. 真相觸發：建議的內容有問題

你提出來的建議與指導，對你來說一定很有用處，但你仍得承認，當孩子拒絕時，就是對無效的建議。無論再好的建議，只要對方收不下，就是沒用。

此時，你得了解孩子當下真正需要的幫助是什麼？例如詢問他：「現在，你需要我幫助你什麼呢？」大部分的孩子，大多都需要你的理解與陪伴，而不是直接給建議。

2. 人際觸發：給予者本身的問題

　　當你在孩子心中信賴程度很低的時候，即使你說得再好，孩子也不信你這套的。此時，你得找個時間，靜下來思考，為什麼他總是不願接受你的建議呢？會不會和你們之間的關係有關呢？對孩子來說，你是值得信賴的人人嗎？

　　當你可以把自己人生遭遇的問題處理得更好，把自己的情緒管理得更好，並且能和孩子培養正向的親子關係時，孩子自然會認為，你的意見具有參考價值。

3. 自我觸發：接收者本身的問題

　　當你的建議與指導，威脅到孩子的自尊心時，他會為了保護自己，而向你發動攻擊或採取迴避的方式。

　　請你別指責孩子的低自尊，也別要求孩子得自己突破心魔，因為此刻的孩子正需要你的幫助，他需要你的陪伴與引導，幫助他培養「成長型心態」，相信自己能透過努力與學習而有所進步，這才是有利於孩子接收他人回饋的教養方式。

　　你可以閱讀我的上一本書《讓孩子成為自己人生的專家》其中的〈成長心〉章節，了解如何培養孩子的成長型心態。

請父母先成爲幸福的人，這樣你的話才有說服力！

如果，你希望孩子能夠幸福，那請你先成為幸福的人，這樣你的建議才會有說服力。

我永遠記得，那是一個幸福的早晨。我和蓁蓁兩人在廚房裡，弄著專屬於我倆的早餐。她洗玉米筍，而我削著地瓜皮，接著再把玉米筍、地瓜和雞胸肉，放到電鍋裡蒸熟。等待食物蒸熟的期間，我們一起將蘋果切塊，準備做一份輕食沙拉，作為營養早餐。

當電鍋跳起時，我正準備撈起食物，此刻蓁蓁突然對我說：「媽媽，你是全世界最幸福的媽媽了。」

這句話讓我感到驚訝，不知為何她會這樣說，不過我沒問她原因，只反問：「那你是全世界最幸福的小孩嗎？」

她看著我的雙眼，靦腆地點頭，並說：「我是全世界最幸福的小朋友了。」在這一瞬間，我們彷彿就是全世界最幸福的母女。

當我們為這些食物淋上香噴噴的胡麻醬與健康的橄欖油，再撒上白芝麻之後，蓁蓁就立即走到客廳裡，指定要在那張雙人沙發上吃沙拉。

其實，我知道為什麼是那個位置。

在好幾個月前，我們第一次吃這沙拉時，就是在那個位置上吃

的，而當時也只有我們兩個人。我們一起靜靜地享受美味的沙拉，偶爾凝視彼此，露出燦爛的笑容，幸福盡在不言中。

　　在家庭裡，幸福是渲染出來的。當你感到幸福時，你的孩子也會感受到幸福。當孩子感受到幸福時，你也會感受到幸福。在充滿幸福的家庭裡，幸福會加倍成長。

　　池羅英是一位兒童心智專業的醫生兼教授，畢業於哈佛醫學院腦部影像研究所後，加入了約翰霍普金斯大學醫學院兒童心智科的教授團隊。她在《本質教養[2]》寫到：「成長中的孩子有幸福的父母陪伴，就能夠成為幸福的人。若連父母都不在乎自己的幸福在哪裡，將難以養出幸福的孩子。」

　　父母如何讓孩子過上幸福的人生，除了想盡辦法為孩子著想、為孩子鋪路之外，還有另一條更有智慧的捷徑，就是父母若能讓自己過上幸福的人生，而不是把幸福寄託在孩子身上，那未來孩子也有能力讓自己幸福，而非將幸福寄託在別人身上。

　　我們常說：「身教重於言教。」請父母用自己的人生向孩子好好示範，什麼叫做真正的幸福人生吧！如果那就是孩子所嚮往的幸

2　《本質教養：22 個親子練習，打造品格 × 心智 × 學習的全方位素養》，池羅英，日月文化，2023。

福，那他一定會追隨你的腳步的。

05 —— 自己的遊戲規則
培養玩得漂亮的本事

為什麼別人都過得比我好？

台劇《不良執念清除師》中，年輕貌美的林靜美在未婚生子後，來到何守堂的藝品店擔任員工。

有天，她意外撞見何守堂之女謝何安，走進一棟廢棄屋，她擔心謝何安的安危而跟了過去，她看見謝何安拿油漆刷將木櫃漆成了藍色。

謝何安向林靜美表示要帶木櫃回家使用，但林靜美認為木櫃又破又髒，何守堂是不會同意放在家裡，於是她蹲在地上，深吸一口氣，耐著性子安撫謝何安說：「你的媽媽會做又貴又漂亮的迷你瓷器娃娃屋給你。」

豈料，謝何安繼續刷著顏料，不以為意地說：「有啊！她已經做給我了。」謝何安的理所當然，使林靜美感到不悅。

接著，林靜美看見謝何安頭上的貓咪髮飾，便詢問：「林欣（林

靜美之女）是否曾跟你要過這個髮飾呢？」

謝何安仍一邊刷油漆，一邊輕描淡寫地說：「我有跟媽媽說，但媽媽說不要給。」

一直以來，這種「想得到卻得不到」的痛苦，不斷折磨著林靜美，沒想到連自己的女兒，也要承受同樣的痛苦。於是她衝動地把謝何安鎖在木櫃，便離開了那棟廢棄物。後來，林靜美良心過不去，回頭找謝何安時，卻已經死在木櫃裡了。

你是否也曾像林靜美一樣，即使你再如何努力，總是得不到自己想要的東西，而別人卻能輕易擁有，甚至不懂得珍惜呢？為此你產生了忌妒之心，恨不得去破壞對方的幸福，幻想對方的不幸，能換回你的幸福。

當我們求而不得時，就容易對擁有的人產生忌妒之心

當你眼看著婆家（岳家）的人，受到自家人的喜愛，做什麼都會被稱讚，但無論你再努力，換來的都是批評與指教。這使你感到滿腹委屈，甚至出現敵意，想找他們麻煩，不想讓他們這麼好過。一般來說，我們都會認為是對方先找麻煩的，而自己找對方麻煩的行為很合理。然而，對方也會這麼認為。

其實，當我們「求而不得」時，就容易對身旁「擁有的人」產生忌妒之心，出現各種不滿、憤怒或怨恨的情緒，一不

小心還會展開報復行動。這是一種「相對性剝奪感」（Relative deprivation），指的就是當個人在與群體互動時，與「參照對象」比較之後，發現自己處在劣勢的情況而產生的不滿情緒。

就像是《不良執念清除師》的林靜美，當她看見外貌不如自己的何守堂，只不過會一點手工藝，就能開一間漂亮的藝品店，還能嫁給有錢的老公，擁有家庭與事業兩得意的生活。於是她心生妒忌，失去理智地把謝何安關在木櫃，報復比她幸福的何守堂。

在家庭生活裡，特別容易出現這種「相對性剝奪感」。以我來說，每當我和先生帶孩子外出用餐時，通常我會與孩子共用一份餐點，因此即使我想吃辣，也不能點辣的食物。然而，當我看到先生吃辣吃得很滿足時，那股相對性剝奪感就會出現，使我感到忌妒與不滿，說話容易帶刺。

另外，身為父母的我們也會不自覺地與孩子做比較，很多上一代父母常說：「現在的孩子比較好命。」然而不只上一代的父母會這麼說，這一代的父母也會這麼說，說不定每一代的父母都會這麼說。

尤其是當父母竭盡全力讓孩子擁有高品質的生活時，這種「相對性剝奪感」會更加強烈，使我們誤以為是孩子剝奪了我們的快樂與自由，但實際上孩子並未要求父母要犧牲自己，往往只是父母的一廂情願。

化解「相對性剝奪感」的關鍵，在於「相對性」

「相對性剝奪感」容易使人失去理智，誤以為那些「快樂的人」奪走了「自己的快樂」，所以必須想盡辦法讓對方感到痛苦，彷彿自己的快樂就會回來。然而，這麼做只會讓自己陷入更危險的困境。

就像有些人的「仇富心態」很嚴重，他們會認為就是那些富人，奪走了自己的金錢。尤其是對金錢感到匱乏的人，更可能對富人有敵意。這裡談的匱乏，指的是心靈層面的感受，並非是實際所擁有的資產。

劉恩庭是韓國的精神科醫師，她在《不是我太敏感，而是你太過份了[1]》書中提出，她認為：「相對性剝奪感的核心，不在於剝奪感，而是相對性。」她提出了四個擺脫剝奪感的方法，而我依據自身經驗整合為四個簡單、容易操作的方法。

1. 與「參照對象」保持距離

如果，讓你產生「相對性剝奪感」的人，並非是與你同住或得

1　《不是我太敏感，而是你太過份了：設立界線、擴展心靈韌性，活出自己的樣子》，劉恩庭，大好書屋，2022。

時常相處的人，那這是最簡單的方式，刻意減少與「參照對象」的接觸，幫助自己找回平靜。

　　例如，當你的「相對性剝奪感」來自於某位姻親時，你可以減少與對方碰面的時間，將互動降到最低。同時，你得避免自己的討好性格跑出來，別下意識地送禮或稱讚對方，拉近彼此的距離。你也得避免優越性格跑出來，別下意識地與對方爭論或貶低對方，來換取自己的感覺良好。

　　除了拉開物理空間的距離之外，也要留意網路世界的距離。最好，別加入對方的社群媒體，否則你只是滑手機，看到對方的動態，就會勾起你的相對性剝奪感。

2. 與「參照對象」協調

　　如果，讓你產生「相對性剝奪感」的人，是你的伴侶，你可以試著表達自己的感受與需求，與對方進行協商和討論。

　　就如同我察覺到，每次我都得和孩子共用餐點，只能依據孩子的口味選擇餐點，但先生卻能自由的選擇餐點時，我必須向他坦白自己的感受與需求，並與他協商，找到合適的處理方式。

3. 將自己擁有的事物，條列出來

　　人在面對自己的不足或缺點時，容易出現「選擇性思考」的

偏誤，只看見自己缺乏，但對方擁有的部分。若是你無法減少與對方接觸，也無法與對方協商，那我建議你可以找個時間，拿出一張紙與一枝筆，好好寫下自己目前擁有的人、事和物，透過「反向操作」，平衡自己看見的不足與擁有。

另外，你也可以嘗試書寫「感恩日記」，每天記下三件值得感恩的事情，盡力寫上三個月，一定會有意想不到的效果！

4. 試著與「自己的過去、現在與未來」做比較

如果你還是忍不住「比較」，那就跟自己做比較吧！請你綜觀自己的過去、現在與未來，回顧過去的成長，並展望未來，試著為自己多做一點什麼。

若是《不良執念清除師》裡的林靜美，能夠多看見自己一路走來的成長，也許謝何安就能平安長大，而林靜美也無須帶著愧疚度日。因為當我們專注在自己而非勝過對方時，我們才能好好享受生活，並將那忌妒的心情轉換成「自我陶醉」的狀態。

坦承面對忌妒，它會幫助你長出更強大的力量

只要有「人群」的地方，就會有「比較」出現，這是無法避免的。因此，我們得更加留意「比較」的危險性，它容易使人誤以為自己一無所有，忽視自己原本擁有的人事物。

　　每個人都會有忌妒心，這是相當自然的情緒。當你出現了忌妒心時，你要練習去承認它，並善用它來幫助自己長出更強大的力量，追求自己渴望的生活。

　　因此，請別再把重點放在「對方獲得了什麼」，而是更聚焦於「自己擁有了什麼」；也別再把重點放在「對方做了什麼」，而是更關注於「自己能做什麼」。請你相信自己，你的人生一定會有越來越多的成長，以及意想不到的收穫！

✈ 人生三大玩法，你是哪一種？

　　人是群居的動物，若想要在這世界上活得暢快，我們就不能無視於這世界的遊戲規則。我根據多年的遊戲經驗，將玩家分為三種類型，他們面對遊戲規則的方式大不相同，就好像我們在面對這世界的遊戲規則一樣。

1.「對抗否認」型的玩家

　　這類型的玩家，會以「自己的想像」來進行遊戲。當遊戲設定的規則與想像不同時，他們會陷入苦思，為何遊戲規則與「自己的應該」有所差異，這類的人往往認為自己的遊戲規則才是正確的，而缺乏彈性與變通的能力。他們就像是掃地機器人一樣，一直對抗

外界的規則，但不懂得調整自己的運作模式。

如同有些人在玩股票時，明明所持有的股票已成下跌趨勢，但卻否認市場給的回饋，並不斷尋找為何會下跌的原因，因而錯過了即時停損的機會，讓股票慘遭套牢的命運。

這類型的玩家，若前來諮商會出現這兩種情緒困擾。

憂鬱於過去：

來談者執著於過去的自己為何會那樣？此時此刻的他，雖身處現在，但卻坐時光機器回到過去，糾結過去的種種經驗，產生諸多的懊悔情緒。但殊不知，他也正在錯過「現在」。我想未來的某天，他也會懊悔此刻的自己，過度糾結於過去。

焦慮於未來：

來談者執著於現在的自己為何無法掌控未來？此時此刻的他，雖身處在現在，但卻搭乘時光機器跑到未來，用高強度的焦慮過度計畫未來，為自己帶來極大的身心壓力。然而，沒有人能掌握得住未來，這只會令他更加疲於奔命、事倍功半。

從時間與情緒的關聯來說，憂鬱就是糾結於過去的事情所產生的情緒困擾，而焦慮就是為了還沒發生的事情所產生的情緒困擾。所以韓國的臨床心理學家金雅拉，才會寫下這本書《過去留下的憂

鬱，未來帶來的焦慮 [2]》，告訴我們將思緒定焦在當下的重要性。

2.「隨波逐流」型的玩家

這類型的玩家，不太在乎遊戲規則是什麼，通常是自己想怎麼做，就怎麼做。如果他們對遊戲的表現也不太在意，那大概都能隨心所欲的玩耍，但若他們期待自己在遊戲中表現出色，那恐怕這類型的人，難以稱心如意。

有時，他們也會去模仿其他高等玩家，但因為不願理解箇中道理，導致表現出來的效果大打折扣。就像有些人玩股票一樣，不願意花心思去理解市場的運作機制，訂出適合自己的進出場的操作原則，即使專家向他們透露一支績優股，他們也可能在高價時進場，低價時出場，不僅無法賺大錢，還可能賠錢。

在我的實務經驗裡，有時也會遇到隨波逐流型的來談者。他們不想花功夫，去了解人性的遊戲規則，只想要依據自己的感受行事，用最輕鬆省力的方式來打怪闖關。

若他們對人生無所追求，願意接受這樣平凡無奇的結果，我認為只要想清楚，能接受就好。但最怕的就是，他們對人生有所追求，

2　《過去留下的憂鬱，未來帶來的焦慮：讓思緒定焦「當下的我」，練習不比較、不猜測的心靈肌肉鍛鍊指南》，金雅拉，幸福文化，2023。

卻不願意去理解世界的遊戲規則，只想選擇輕鬆省力，但不動腦力的玩法。

3.「順勢操作」型的玩家

相較於前兩類型的玩家，這類型的玩家比較能在遊戲上嶄露頭角，有出色的表現。這類型的玩家，不會拘泥於自己的想像，去對抗遊戲規則，也不會隨波逐流，別人怎麼做，自己就怎麼做。

他們會試著去理解遊戲規則，甚至採取不同的玩法來檢驗遊戲裡看得見的正式規則，以及探索遊戲中看不見的潛規則。當他們掌握遊戲規則之後，會反過來利用遊戲規則來創造最大的效益。

在股票市場的投資高手，就是採取「順勢交易」的方式。在確定股票開始上漲後，他們進場買股票，但當確定股票開始下跌時，他們就會反手放空股票。雖然這樣的方式，無法買在最高點或賣在最低點，但卻是一種很好規避風險、提高勝率的投資方法。

老實說，我很少在諮商室裡，遇見這類型的玩家。偶爾有幸遇到，但晤談的次數通常不多，他們很快就能自行找到破解之道了。

🛩 讓有限的資源發揮最大的效果

我的哥哥是我這輩子見過，最懂得遊戲規則的「順勢型」玩家。

　　在就讀研究所那段期間，我常和哥哥一起玩一款名為《富甲三國》的線上遊戲。遊戲以三國為背景，採用經典的大富翁型態，所設計出來的一款遊戲。

　　在遊戲中，我與哥哥組成一個公會。當時，與我們敵對的公會會長王者，似乎花了不少錢抽取特殊角色與特殊道具，他擁有超多稀有的角色，而且他手下的每一位英雄的各種數值都相當高。

　　起初，王者穩坐冠軍寶座，遙遙領先我和哥哥，但隨著遊戲時間拉長，哥哥對遊戲規則了解也越來越透徹。他開始教導我如何培養角色人物的能力，才能夠發揮最大的效益，讓我們在公會競賽中輕鬆取勝。

　　在攻城戰中，他發現遊戲設定是速度值較高的人，可以優先發動攻擊，能佔據極大的優勢，因此他要我全力培養攻城將領的速度值。在野戰中，他發現遊戲設定以智力取勝，因此他要我全力培養野戰將領的智力值。在單挑比賽，將領一來一往互砍的過程中，他發現血量才是致勝關鍵，而非武力，因此他要我全力培養單挑將領的生命值。

　　哥哥教導我：「因為我們的資源有限，所以這些資源必須用在最能發揮效果的地方。」同時，熟捻遊戲規則的他，會帶我進入高難度的關卡之中，以出其不意的策略，破解一關又一關的關卡。而那些關卡的難度，就連稱霸伺服器的王者，也過不了關。

雖然，以整體實力來說，我們永遠無法成為第一名，但在沒有花錢的情況下，我們遠勝於一般玩家，而且我們的實力還可以用來挑釁第一名，運氣好時，還能戰勝他。你說！我哥哥是不是最懂遊戲規則的人呢？

有句話是這麼說的：「人生最重要的不是拿到好牌，而是把一手爛牌打好。」每個人的資源，都是有限的。最有彈性的玩法，就是讓有限的資源發揮最大的效果。

因此，我們要懂得這世界的遊戲規則，並且善用遊戲規則，讓自己在每個當下都能打出最好的一張牌。

在這世界裡，也藏有著各式各樣的遊戲規則，不知道你看懂了多少呢？

✈ 人生想活得好，就要有玩得漂亮的本事

職場很現實，我們只能各憑「本事」說話，本事可分為檯面上和檯面下的能力。檯面上的能力，如專業素養、良好的溝通、社交技巧和書寫能力……等等。檯面下的技巧，可能是拍馬屁、推卸責任、偷懶、邀功和吵架……等等技巧，只要能派上用場的都能算是你的本事！

雖然在婚姻中存在著浪漫的愛情成分，但同樣地，它也如同職

場，需要靠「本事」來經營。婚姻中的本事有很多種，如生活自理、烹飪技能、有效的溝通能力、駕駛能力、解決問題的能力、身心健康、情緒管理、賺錢的能力，以及原生家庭的人力和財力……等等，只要能提高你在婚姻中的幸福感，都能算是你的本事。

隨著你擁有的技能越多，本事就越強大，這將賦予你更多選擇機會。因此無論如何，我們都需要持續成長，培養自己的能力。若想在人生中，活得好，那就要有「玩得漂亮」的本事！

每個人的天賦與後天環境不同，在人生當中的玩法自然會不同。不過，想要在人生中玩得漂亮，絕對需要具備以下三種的本事。

1. 掌握規則的本事：培養識局的能力

不論身處何地，每個地方都有它獨特的遊戲規則。因此，每當我們踏足新地，就必須先放下舊有的觀念，摒棄過去的遊戲規則。若是我們能看懂這場局，就能找到漂亮的玩法，尤其是那些他人未知曉但你卻了解的潛規則，即是致勝的關鍵。

假若你的公婆（岳父母）經常批評他人小氣，那麼金錢可能就是他們重要的遊戲規則，你可以巧妙地運用金錢，讓錢發揮最大的價值。同樣地，如果你的伴侶渴望被肯定，那讚美就是經營婚姻最好的方式，透過不斷的肯定，可以事半功倍。

就探索遊戲規則而言，我認為閱讀是最有效率、最經濟實惠

的方式，閱讀可以幫助我們認識與理解這世界的各種規則。當你在育兒方面遇到困難時，閱讀親子教養相關書籍，可以幫助你掌握育兒的遊戲規則，就如同你閱讀此書一樣。當你在婚姻溝通遇到困難時，閱讀經營婚姻與溝通的書籍，可以幫助你掌握婚姻的遊戲規則。

2. 獲取資源的本事：累積控局的能力

有些人雖然能看懂遊戲規則，但由於缺乏足夠的資源或能力，仍無法解決問題或控制問題的影響力。就像明知道公婆（或岳父母）看重金錢，但自己沒有足夠的金錢去「孝敬」他們；或者明白伴侶渴望被肯定，但自身卻缺乏給予肯定的能力。

資源或能力，可以簡單分為內在與外在。內在資源指的是個人的知識、能力、情緒管理、態度與信念等，而外在資源是指財力、物力、人脈和社會制度或福利等。如果我們能夠不斷增加自身資源，獲取資源的本事越大，那「控局」的能力就越強，就更有機會活出自己渴望的生活。

3. 克服困難的本事：創造破局的機會

當你發現這場人生的遊戲中，所需的資源與能力偏偏是你所欠缺的，那你是否有克服困難的本事，是否能夠想辦法獲取資源或學

習新的技能呢？

　　舉例來說，你發現公婆（岳父母）很重視金錢，你是否能夠提升自己累積財富的能力呢？或者，當你意識到伴侶渴望肯定，而你缺乏這方面的能力，你是否能夠學習這項新技能呢？

　　「缺什麼，就補什麼」是一種破局的方式。然而，還有另一種破局方式，當你發現自己不願補，或是再怎麼努力都難以符合他人期待時，放棄參與這場遊戲也是一種選擇。當然，這也意味著，你得放棄這場遊戲所帶來的種種好處，這樣才能讓那些遊戲中的人對你束手無策。

　　舉例來說，如果你的工作突然需要駕駛技能，學開車是一種破局的方式，離職也是一種破局的方式。

　　我們要玩得起，也要放得下。無論你選擇哪一種方式，重要的是你要有本事，找到適合自己遊戲的場子，順勢培養這場遊戲所需的本事，好讓自己玩得漂亮！

Orange Baby 27

讓孩子成為自己人生的玩家
──透過遊戲和陪伴養出內心強大的孩子

作者：胡瑋婷

出版發行 橙實文化有限公司 CHENG SHI Publishing Co., Ltd
粉絲團 https://www.facebook.com/OrangeStylish/
MAIL: orangestylish@gmail.com

作　　　者	胡瑋婷
總 編 輯	于筱芬
副總編輯	謝穎昇
業務經理	陳順龍
美術設計	點點設計
製版／印刷／裝訂	皇甫彩藝印刷股份有限公司

編輯中心
ADD ／桃園市中壢區永昌路 147 號 2 樓
2F., No.382-5, Sec. 4, Linghang N. Rd., Dayuan Dist., Taoyuan City
337, Taiwan (R.O.C.)
TEL ／（886）3-381-1618 FAX ／（886）3-381-1620

全球總經銷
聯合發行股份有限公司
ADD ／新北市新店區寶橋路 235 巷弄 6 弄 6 號 2 樓
TEL ／（886）2-2917-8022　FAX ／（886）2-2915-8614

初版日期 2024 年 4 月